台灣經濟論叢 15

台灣人口變動與經濟發展

于宗先、王金利／著

中國經濟企業研究所／編

序

　　人口與經濟的關係是十分密切的。可是就台灣情況而言，自
1970年代以來，當執行家庭計畫接近尾聲時，無論政府或民間對
人口經濟的研究風氣不再旺盛。只有當世界糧荒發生時，人們才
想起土地對人類生存的重要；當少子化問題日趨嚴重時，大家才
發覺人口不斷減少，對經濟的嚴重影響。在台灣學術界，對人口
經濟作潛心研究的，本來就不多，而且近年來已有凋零之跡象。
直到研究家庭經濟和人力資本的芝加哥大學貝克教授(Gary S.
Becker)於1992年獲得諾貝爾經濟學獎時，曾對台灣年輕一輩學者
中激起一些連漪，從而有人淺嚐人口經濟的研究，但為數也是鳳
毛麟角，並不多見。

　　我們感到人口與經濟發展的關係相當密切。在中國二千多年
的歷史記載中，中國是農業社會，人與經濟的關係是通過對土地
的持有與利用。至於台灣，在過去四百年的歷史記載中，農業經
濟是主流，直到1960年代末，工業經濟才在台灣生根、增長，進
而起飛。台灣經濟因工業發展而起飛後，人口不再非附著對土地
的利用才能生存，也非圍於農村的大家庭而不遠走高飛。人民與
農地的關係不再那麼密切，可是當經濟起飛後，市地卻受到人民

的青睞，從而成為富者累積財富的工具，投機客斂財的寵兒。當人民與工商業的關係愈來愈密切時，經濟發展主要歸於對低廉而能刻苦耐勞的勞力的有效運用和推動對外貿易為經濟發展引擎的奏效。由於此策略的成功，台灣很快由勞力密集產業蛻變為以技術密集和資本密集的產業發展。由於台灣勞動的成本增加很快，而新台幣對美元又大幅升值，迫使許多勞力密集型產業，不得不到勞力充沛而工資低廉的地區去投資設備。同時有些廠商與國內廠商結成供給鏈，利用地區上的比較利益原則，發展出跨國企業。這種高科技產業發展趨勢，卻為台灣拋下失業與非完全就業的負擔。

在1980年代後期，台灣因勞工短缺，便開始引進外籍勞工。同時由於男女受教育平等，而職業競爭慘烈，為了生存，多不願生兒育女，於是少子化現象漸漸出現。由於戰後，大量的軍民隨政府來台及二次大戰後嬰兒潮的出現，50年後，這些人便進入老年期，於是高齡化現象愈來愈明顯。台灣教育雖發展，但總會有些農民及貧苦階層的男人，因缺乏專業能力，在職場上無競爭力，就業困難，也無力與當地女人結婚；而進入老年的退役榮民多未結婚，乃在開放大陸探親及對東南亞投資以來，與外籍女子結婚者日多，形成了外籍新娘問題。這些因環境演變所產生的外勞、少子化、高齡化以及外籍新娘，乃成為台灣社會難以完全擺脫的問題。針對這些問題，我們都作了深入的探討，不僅指出其成因，也指出解決之道。

儘管現在我們已進入e-化時代，無遠弗屆的傳遞效率，衍生性金融商品正流行的金融經濟，而都市的房地產價格的不斷飛漲，卻成為泡沫經濟的引信管，從而人們所遭遇的困難更多，所

引發的問題更複雜，雖然我們尚提不出有效的解決之道，但我們會率先指出，讓政府的有關單位瞭解它的存在及問題的複雜性與嚴重性。

這本《台灣人口變動與經濟發展》的初稿，就是在這種觀念下產生的。當初稿完成之後，我們送請三位對人口對經濟有研究的學者加以審閱，以免犯了不該犯的錯誤。他們是陸民仁教授、孫得雄教授和陳肇男教授。他們三位中，孫得雄教授不但有理論基礎，且有實務經驗。經過他們三人的認真審閱後，我們得以改正錯誤，補充行文中欠缺的部分，使本書呈現較完美的面貌。同時，在我們撰述過程中，蒙黃國樞先生細心校閱，並協助改正錯誤，而胡美雲小姐與黃素娟女士之耐心打字，再三改正，並蒐集資料，對初稿之完成作了很大的貢獻，特在此一併致謝。如本書仍有謬誤，全由作者負責。

最後，對於資助本書撰寫的俞國華文教基金會，在其慘淡經營下，仍對我們的撰書計畫，慷慨資助，使我們順利完成本書，這使我們永誌難忘。同時聯經出版事業公司在書店極不景氣的情況下，仍斥資為我們出版這本書，更令我們感激，一併在此致謝。

于宗先 謹識
王金利

2008年10月

目次

圖表次

圖次

表次

第一章

導論

第一節　人口警鐘又響起

　　人口問題，在人類發展史中，一向占重要地位。從人口的消長，不但看到一國社會安危和經濟的榮枯，也看到人性對生兒育女的態度。作為一個海島型經濟的台灣，雖然人口數量不算龐大，但自第二次世界大戰結束至21世紀初，人口的變遷充分反映出它與社會經濟的密切關係。瞭解台灣人口的變遷與社會經濟的關係，也是打開對瞭解區域人口消長的一把鑰匙。

　　自進入21世紀，台灣人口的兩大問題便逐漸突顯出來。一為少子化問題，一為高齡化問題。高齡化問題遠在2000年以前，即見其端倪，只是未引起社會媒體的重視；而少子化問題是台灣發展史上未曾出現過的問題，因此，當它在1990年代出現時，也未受到社會大眾的注意。只是近幾年來，當人們發現很多幼稚園找不到學生而消失，很多小學教室的擁擠情況已不再出現，才警覺到少子化問題的嚴重性，以及其所形成的加速趨勢。

　　自進入21世紀，台灣執政者經常強調2300萬人口的價值，直

到2007年，台灣總人口仍未達2300萬人。40年前，台灣一年的新生嬰兒即達一個高雄市的人口（30萬人）；40年之後的2006年，新生嬰兒尚不到20.5萬人，而且年年有降低的跡象。如非近20年來外籍新娘的參與，新生嬰兒會更少，因為外籍新娘有較高的生育率。就2006年而言，外籍生母的嬰兒出生數占該年嬰兒出生數的11.7%。同時該年，外籍新娘已累計為33萬人。她們不但為台灣總人口提供了增加數，更為台灣婦女提供了生育的生力軍

人口迅速的成長固為一國造成了許多社會問題，但少子化所形成的人口銳減，同樣也為社會經濟造成了很多問題。像這種問題，在中國人口發展史中固然罕見，在台灣四百年發展期間，也從無少子化問題的發生。要處理這個問題，無先例可作借鑒；即使人口高齡化問題也不容易解決。人口高齡化是富裕國家常見的現象。由於生活富裕，醫療發達，人的壽命就會延長。在一般貧窮國家，很難見到高齡化現象，因為生活貧苦，醫療又落伍，人的平均壽命通常很少超過55歲，但在富裕國家，人活到七、八十歲是普遍的現象。

第二節　人口消長的根源

研究人口問題，通常考慮的問題是：若無外來人口遷徙，人口為什麼增長那麼快？為什麼減少那麼速？無論快速的增加或快速的減少，對社會經濟都會產生深遠的影響。因此，無論人口增加得快，或減少得快，都會成為人口學者所重視的問題。人口問題的消長與社會經濟關係之密切，自人類有史以來，即受到關注。可是沒有一個王朝能將它妥善解決，只有順其自然發展，於

是人口問題在歷史的長河中，會形成一種循環關係。每個循環的期限並不一樣，有的長達數百年，有的僅有數十年。我們可用自然增(減)率表示人口的變動情形。自然增(減)率＝(出生率－死亡率)。人口的自然成長率有其極限，即「峰」所表示的；人口自然降低率也有其極限，即「谷」所表示的，峰谷相間，從而形成一個不規則的循環，如下圖所示。

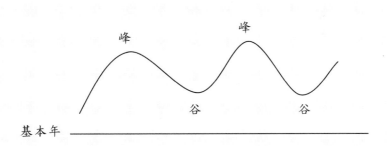

決定人口增減的因素有兩種：一為外力，即對生育，非夫妻所能決定的力量；另一為內力，即對生育，為夫妻所能決定的力量。自有史以來，人口減少主要由於外力所造成；至於內力，係指夫妻對生育缺乏動機或興趣，而減少生育。自跨世紀(20世紀和21世紀)以來，內力逐漸成為決定生育的主要力量。這種現象的出現，益增研究人口的重要性。

一、外力

所謂外力，即完全非夫妻意願所能決定的力量，它可分為天災、戰亂、傳染病，以及政府執行的生育政策。

(一)天災

天災包括的範圍很廣,像颱風、豪雨、海嘯、火山爆發、地震、地殼移動所造成的災難,會使人口突然減少。歷史上有些名城,如底特洛(Detro)、龐貝,在同一地點,就有數個(重疊)。一場劇烈的火山爆發,岩漿由地心噴出,會在瞬息之間,將一座城埋在岩漿下,城內的人無一倖免,影響所及,附近的土地也被波及,農村的人口也遭映,這會使一國人數在數日之間,即大量減少。像2004年12月在印尼亞齊省所發生的海嘯,不但使馬爾地夫島成廢墟,連帶也波及泰國的海島和新西蘭,造成大量的人口死亡。通常在天災之後,瘟疫即跟著而來,乃造成雙倍的死亡。

令人最軫心的是地球暖化現象的發生。如果海平面因溫室效應上升三公尺,世界上會有很多島國消失,如南太平洋的島國,以及臨海洋的大陸國家也會使數十萬人口消失在汪洋中。這種現象雖然在人類歷史中尚未出現,但未來的發生與否,誰也不敢保證。

(二)戰亂

在歷史上,戰亂通常發生於一個朝代瀕於危亡時,即政治不清明,官員貪贓枉法,魚肉人民,人民在忍無可忍的情況下,便揭竿而起,於是戰亂發生。人民被裹脅去當兵,致田園荒蕪,甚至十室九空,人口便會大量減少。通常一次大戰,會使二、三十萬軍人與老百姓喪生。像第二次世界大戰,死於戰爭中的中國人就四、五千萬人;在毛澤東當權時代,因「三反」、「五反」、「文化大革命」被迫害而死的人民,也高達五、六千萬人。

事實上,對於一個國家而言,以上這些外力因素常會併發;一旦併發,便會使一國人口大減:像天災之後,會產生瘟疫;戰

爭之後，也會發生瘟疫。當人民食不果腹時，便會成為亂源，戰
亂的結果往往是貧窮與死亡。

　　當這些外力發生之後，也許會蔓延五年或十年。當社會安定
之後，人民生活有了依靠，人口又會慢慢增加起來。像第二次世
界大戰後的嬰兒潮。在第二次世界大戰時，部分青年被徵去當
兵，留在後方的，也會為支持戰爭的後備力量而延後結婚或少
生。一旦戰爭結束，人民生活恢復正常，生兒育女的機會便大增，
於是嬰兒潮便產生了，而人口也就開始大增。

(三) 傳染病

　　在古代，連年乾旱和水災也是人口減少的一個重要原因。當
連年乾旱時，赤地千里，寸草不生；或水災頻頻發生，農民不能
下種，也就無收穫。在歷史上，常見的人口減少是瘟疫，因當時醫
藥不發達，瘟疫會使一國人口大量減少。如17世紀，在英國發生的
黑死病，就使英國人死去一半。2003年發生的SARS傳染病，也曾
使人防不勝防，只要患上此症，活命的機會就很低。幸而有預防的
藥物可用，一方面阻止它的擴散，另方面也使患者能從死裡逃生。
對於這些病因，馬爾薩斯 (Thomas Malthus) 在其《人口論》(The
Theory of Population Growth) 中就曾討論過。

(四) 政府執行的生育政策

　　通常鑒於人口增加太快，就心經濟成長的果實會被眾多人口
吃掉，而且也考慮到糧食供應短缺問題，於是由政府主導，推行
生育政策。在性質上它不完全是強制性的，也有誘導的成分。在
台灣，於1972年開始推行生育政策，倡導每一對夫妻生兩個孩子

為最好。因為政府難以約束一般社會大眾,便對食俸祿的軍公教人員下手,即不得超過兩個孩子;如果超過兩個孩子則對第三個及以上的孩子不予糧食配給。在一個窮困的社會,這種措施會發生些成效;一旦經濟大幅成長,人民收入增加,一般食俸祿的軍公教人員也不在乎政府的糧食配給。在1970-1980年代,有個口號:「兩個孩子恰恰好,一個孩子不嫌少。」台灣的粗出生率也隨著經濟的不斷成長而降低下來,由1955年的45.3‰降為1975年的23.0‰,及1985年的18.0‰。這種成果,到底是家庭計畫奏效的結果,或是另有其他原因?尚有不少爭論,這將在後面作說明。

二、內力

除外力外,影響人口消長的力量是夫妻對生兒育女缺乏興趣,或男人或女人對婚姻無興趣。後種情況,男女不結婚,自然對生育無大興趣;前種情況之產生非常複雜,不全然是因為夫妻對生育無興趣,尚有經濟因素、社會因素等。

男女結婚,生兒育女,在傳統上是天經地義的事。約在1980年代以前,在台灣,尚沒有結婚後拒絕生育的現象發生,除非一方生理上有病,致不能生育。通常,結婚和生育是連在一起的,因為《論語》上說:「無後為大。」所以傳宗接代是父母對子女的基本要求。到了1990年代,結婚不生育的現象便漸漸出現了。就台灣而言,有幾種現象會使生育率大幅降低。

(一)國民教育水準普遍提高,尤其女性的受教育比率,已與男性不相上下。

從前,丈夫受相當好的教育,在外面有事業,因此,他是一

家之主；女人的地位較低，唯男人的興趣是賴。丈夫要太太生育，太太不得拒絕。女人簡直成了生育的機器，任由男人作主張。可是台灣教育不但普遍，而且水準也大幅提高，女人不再是侍奉翁婆、洗衣煮飯的傳統媳婦，而是也能挑起養育家人的擔子。在家庭中，女人地位起了大的變化，對生兒育女是夫妻共同同意的行為，不再是丈夫一人的獨斷專行。

(二)離婚後女人往往處於不利的地位

　　由於男女教育機會平等，而職業地位平等，兩人結婚生子後，不再是婚姻的保障。由於離婚率增高，而離婚後，女人往往處於不利的地位。因為離婚後，通常由孩子的媽媽扶養，於是單親家庭便產生了。這對女人來說，十分不利，既要照顧孩子，又要賺錢，並不是容易兼顧的事。考慮及此，寧肯同居，不想生兒育女。

　　在中國大陸也發生同樣的事情。1978年著手改革開放前，生育率是相當高的，致有人口過多之患，於是中共政府嚴格執行「一胎化」政策。由於執行嚴格，城鎮居民都達到這個目標；至於農村，其執行力就比較差些。同時中共政府規定：在農村，凡第一胎是女孩，允許生第二胎。於是很多城鎮發生溺嬰現象；也就是說，如果第一胎是女孩，便將女嬰殺死，以便合法生第二胎。同時在農村，有些農民在生產第一個嬰兒時不報戶口，等到再生第二個嬰兒時才報戶口。「一胎化」執行的結果，城鎮達成了目標，農村卻沒有。嚴重的問題是：當一胎化的兒女長大之後；他們的心態與其上一代幾乎完全不同。上一代有傳宗接代的濃厚思想，但他們這一代沒有這種思想了，因為他們在成長的過程中，是被兩家人驕生慣養的，當長大後，鑒於本身生活之不易，而上兩代養老問題

又是那麼嚴重，他們不但不想生兒育女，連結婚的興趣也缺缺了。

(三)養育子女成本提高，這與教育環境密切相關

自國民義務教育普遍化以來，升學競爭日趨激烈，於是很多家長，盡可能讓子女進幼稚園，而且為了打好學習基礎，即為兒童安排才藝班，除了正常學科之外，還要學樂器、舞蹈、英語。而且才藝班之學費很高，高出一般學程三、四倍之多。如不讓兒童參與學習，又怕進了小學之後跟不上同班同學，產生挫折感。多數父母都瞭解這點，認為教養一個孩子費用愈來愈大，而收入卻未增加，在此矛盾的情況下，採取少生育或不生育的夫妻愈來愈多。

(四)在工商業為經濟主流的社會，職場競爭愈來愈激烈，而長年在一個公司工作的制度已被破壞。

無論男或女在考慮結婚時，先考慮結婚是否會影響工作，再考慮能否生小孩？而生了小孩後，會考慮由誰負責照顧？這些都是很現實的問題。為妻的多不願放棄眼前的工作，回到家中專司教養嬰兒，因為一旦離開職場，就有兩種風險：一為回不到原來的工作崗位，而且覓新工作並不是件容易的事；一為婚姻關係不堅牢，不知什麼時候就會有離婚的風險，因為現代的年輕人多缺乏耐心，無容忍的度量，而且社會上的引誘太多，夫妻兩人一語不合，就會提出離婚；一旦離了婚，吃虧的往往是女方。一旦成為單親媽媽，其生活會相當的艱苦，這也是年輕人不敢結婚的重要理由。

近10年來，社會上流行的現象是：同居不結婚；即使結了婚，也不願生兒育女。有些工作能力強，而收入高的女性，寧生個無父親的孩子，也不願正式結婚。「父不詳」本是台灣社會出現過

的現象，通常是因為男人不負責任，給女人種下胎即遠走高飛，不知去向；現在的「父不詳」是女人只要男人的種，但不要留種的男人。這兩種情況是不同的。

　　就中國大陸或台灣社會而言，在歷史上，由內力所產生的人口減少，是罕見的，也許從未發生過，關鍵在於國民教育普遍提高後，女性在各行各業表現不輸男性，而職場競爭又愈演愈激烈，所形成的一種現象。要扭轉內力所形成的現象，恐怕要費相當長的時間。

第三節　人口消長與經濟榮枯

　　人口消長與一國經濟成長有密切關係。先就已開發國家與落後地區而言，通常的印象是：已開發國家的生育率較低，而落後地區的生育率較高。在已開發國家，一般家庭較富有，且受到相當高的教育，多要求個人的自由，室外活動多，對滿足歡慾的方式較多，所以生育率較低；然而在落後地區，一般男女受教育的機會不多，因為窮困，室外活動的範圍很小，對滿足歡慾的方式，就是性行為，因此，生育率較高。另外，在落後地區，一位母親通常會生七、八個孩子，由於衛生條件不足，能活存的也許只有一半；在富有國家，一位母親能生二、三個孩子就足矣，因衛生條件好，存活率可能達99%以上。比較之下，在落後國家所生的嬰兒會比富有國家多，而且由於營養不良，醫療環境欠佳，人的壽命約為四、五十歲；但在富有國家，一般人多活到七、八十歲。像歐美國家是富有的，生育率並不高；非洲國家是貧窮的，生育率高，成明顯的對比。這就是俗語所說的：「生之者寡，食之者眾，則國貧矣！」即使在一國之內，同樣有相同的現象，即富有

人家生的孩子較少，貧窮家庭生的孩子多，結果，貧者愈貧，富者愈富，成了惡性循環。

第四節　人口消長與意識型態

　　個人的意識型態會影響人口的消長。在中國社會，傳統的意識型態是：「傳宗接代」是男女結婚的主要理由。如果結婚後，不能生個兒子，對傳宗接代就發生了斷層的問題。由於重男輕女的傳統觀念，生女兒並不算是傳宗接代，儘管這是一種不合理的現象，但這種不合理的觀念卻統治中國的父母長達千年之久。更荒謬的是：妻子不生育或僅生女兒，丈夫就有權娶二房，認為生女不生男，或不生育完全是妻子的責任，從不問交配是男女兩人的事。如果男方有不孕症，也是造成不生育的重要原因。這個荒謬的論調，即使到了20世紀後期，仍然成為男人找外遇的藉口。由此可見，這種意識型態影響力之大。

　　在中國社會，每次更換朝代，由於人禍多，人口總會有大的變動，在清末，中國人口為四億人，比起相隔200年康熙時代人口，並沒有增加多少。於是孫中山在著《民族主義》時，曾寫道：「我們中國人口在已往一百年沒有加多，以後一百年若沒有振作之法，當然難加多，環看地球上，那美國增多十倍，俄國增多四倍，英國、日本增多三倍，德國增多兩倍半，……若他們逐日的增多，我們卻仍然故我，甚或減少，……中國將來也是很危險的。」(《國父全集‧民族主義》，頁49。)這段話深深地烙印在中國國民黨黨員心中，認為中國人口要增加，才能與西方帝國主義相抗衡。

　　當國民政府退守台灣，儘管台灣是幅員小、人口多的局面，

這個信念仍然存在。於是自1950年起，台灣的生育率開始大增，即以1952年而言，粗出生率高達46.6‰。到了1960年代，農復會主任委員蔣夢麟鑒於人口增加太快，會對台灣經濟發展不利。當時，台灣經濟尚未起飛，人民所生產的，幾全部被吃掉，如1954年，國民儲蓄僅占國民所得的7.7%，如此低的儲蓄率，如何支持固定資本形成？確是個大問題。他認為台灣需要推行家庭計畫，使一般社會大眾有力量養孩子，受到較好的國民教育；而教育水準提高才是經濟發展的本錢。如果所生產的僅夠餬口，要想使經濟有發展，會十分困難。

他這種論述不無道理，可是一般孫中山的信徒，認為這是危言聳聽，極力反對，尤其在立法院，竟有不少委員認為「家庭計畫」不利反攻大陸。對於這些論調，幸虧孫中山的長子孫科聽從他人的建議，挺身而出，支持「家庭計畫」的推行。因為他是孫中山的兒子，沒有人相信，他會背叛他父親的思想。而他支持的理由是：在滿清末年，中國受白色帝國主義的侵略，白色帝國主義國家的人口增加，中國人口不增加，就代表是一種危險。現在是紅色帝國主義當道，它利用人民的貧窮，統治了東歐及中國大陸，而人口眾多是造成貧窮的一個主要原因。唯有人民富有，才能免於被紅色帝國主義吞併。要使人民富有，根本方法是有計畫的生育，以免生育過多，造成對經濟發展的負擔。他的道理說服了反對「家庭計畫」的反對者，而使「家庭計畫」在台灣順利推行。

事實上，自1972年推行家庭計畫以來，台灣人口粗出生率便由1975年的23.0‰降為1990年的16.6‰，而死亡率在同期間由4.7‰增為5.2‰，使人口自然增加率由18.3‰降為11.3‰。台灣人口增加率之下降是否全歸功於「家庭計畫」，我們不能遽下結論，

因為尚有其他原因也會影響生育率的降低。

中共在1950年統一中國大陸後，中共故主席毛澤東有句名言：「人多好辦事。」這句話的涵義就是鼓勵人民多生育。生育人數多了，自然會出現些出類拔萃的人物。當然他沒有考慮人口與經濟發展的關係。於是這句話便成了中國共產黨的聖旨，誰也不能違反它。儘管在1980年以前，大陸經濟相當落後，人民生活水準很低，但人口成長仍非常的快，由1950年的4.5億人很快增加到1980年的9.8億人。

當時北大校長馬寅初是人口論的專家，對中國人口有深入的瞭解。他認為鼓勵人口增加，難以改變貧窮的局面。對於這種反對意見，毛澤東當然不讓它流傳，於是將馬寅初打入黑五類的族群去，接受勞改和思想改造。自此之後，便無人敢提中國人口問題，直到毛澤東於1976年死亡，中共當局才敢認真考慮大陸人口過多的問題，於是「一胎化」政策便出爐了。這個政策不無矯枉過正之嫌，因為它違反了人性。即使一時能制止人口增加，但它留下的後遺症卻很多。

第五節　少子化現象對社會經濟的衝擊

少子化現象一旦出現，它的影響是深遠的，包括勞動力資源、婦產科醫護人員、學校體制、嬰兒飲食業、嬰兒衣物業、兒童玩具業等，而且影響的層面並不完全一樣。

一、少子化與勞動力資源

在一國經濟的來源中，勞動力資源是非常重要的資源，少子

化現象會造成勞動力資源的減少。少子化首先表現為生育率的降低，15歲以上人口必會因少子化現象跟著減少，從而影響勞動力的下降。勞動力減去不參與勞動的人口，就是實際工作的人口。如果參與率不變，勞動力的下降會影響各業生產，除非技術水準提高，否則會影響生產能量的增加。

二、少子化與婦產科醫護人員

少子化持續存在，很多婦產科醫生和護士便無用武之地，如不能轉換行業，就會失業。因此，不少婦產科醫護人員改習獸醫與護理。在富有社會，不少人家喜歡養寵物，如貓、狗、鳥、猴子，甚至豬。這些動物會生病，需要醫療，於是有寵物醫院、診所的開設；當人們外出旅行時，也需要動物旅館。相對地，一般醫院的生意也會發生變化，因兒童減少後，接著青少年也會跟著減少。

三、少子化與學校體制

學校體制包括幼稚園、小學、初中、高中和大學。少子化現象發生，首先表現在幼稚園的減少，或者幼稚園小班與大班人數的減少。如果少子化繼續發生，也會使這種權宜之計失效。當幼稚園減少時，幼稚園老師會失業，而幼稚園建築會閒置，接著小學要減班，初中、高中也要跟著減班，一直到大學和研究所，與此同時，許多老師會失業，許多教室會被閒置。

事實上，最嚴重的是大學教育。到2015年，少子化的結果會使台灣高等教育破產，因為近10年政府將大學由52家擴充到166家，有關當局從不考慮少子化的嚴重性，一味要使人人進大學，結果，盲目擴充大學院校的結果必然會招不到學生，徒增國家資

源的浪費。

四、少子化與嬰兒飲食業

當嬰兒減少，所需要的食物，都會相應減少。嬰兒飲食製造商也許能轉業，生產寵物所需要的食物，否則，必須關門歇業，造成工人與老闆的失業。

五、少子化與嬰兒衣物業

當嬰兒不斷減少時，嬰兒衣物業必然失去許多市場；如不改弦更張，只有關門歇業。也許製造商可改製寵物衣物，不過，其需求不如兒童那麼多。

六、少子化與兒童玩具業

由於兒童減少，兒童玩具業必須跟著減少。除非能創新，能製造適合兒童嗜好的玩具，否則製造商也會失業。

第六節　高齡化問題對社會經濟的衝擊

相對於少子化，台灣早已發生高齡化問題。早在1990年，65歲以上人口即占總人口的6.2%，尚未達聯合國定義的7%；到1994年達到7.24%，開始進入高齡化社會。到2006年已增為10.0%。台灣的高齡化問題來自三個因素，即(1)1945年，日本戰敗後，在南洋的台灣兵返台，當時他們都還年輕。到1949年，國民政府自大陸撤退來台，當時有160萬軍民，這些大陸軍民及由南洋返台的兵，現在均已超過70歲，而達80歲了。這批人是造成台灣高齡

化的重要原因。(2)自1970年以來,台灣漸由小康社會變爲富裕社會,人類所需要的營養不再缺乏,對延長壽命很有幫助。在貧窮社會,通常因營養不良而早逝;在富裕社會,自然無營養不足問題,反而有營養過量問題的出現。(3)醫療進步,幾乎每人在有生之年都會患病,有的人患致命的傳染病,有的是因營養不良,操勞過度而患病。由於醫療進步,許多嚴重的病,可開刀切除,或打針吃藥治癒。由於科技進步,經由新式機器的檢查,大都會發現所患的病是什麼病,從而對症下藥,使大部分患者能夠痊癒,因此,活到九十多歲,或一百多歲的人愈來愈多。這三個原因可說是造成高齡化問題的重要原因。

高齡化問題發生了,它對社會經濟的影響是多方面的。

一、充實各界義工的後備隊

一般人65歲退休,到85歲還有20年時光。從65歲到75歲,對很多老人而言,仍可從事較輕鬆的工作,如義工。尤其女性老人,在醫院、鄉、鎮、市、區公所等機構作義工是受歡迎的。她們的再進入社會,便成爲社會安適環境的重要力量。

二、老人需要較多的醫療服務

人老了,疾病發生的機率會增高,進醫院的頻次會增加。爲因應此種情勢,需要較多的醫療機構爲老人服務,尤其當老人行動不便時,更需人照顧。兒女因忙於工作無暇照顧,就需要雇人,因此,對醫療服務人員之需要會增加。最近15年以來,爲解決老人生活照顧問題,引進很多外籍勞工,如菲律賓、印尼、越南、泰國等國家的勞工,她們被分配到城市的家庭,對伺候老人產生

很大作用。

三、老人結婚引發的社會問題

最近15年以來，很多孤獨老人結婚，他們的對象主要是越南、印尼、菲律賓、泰國和中國大陸的姑娘。這些娶來的姑娘年紀輕，要結婚的老人年紀多在60歲以上，甚至70歲的人也不少。結婚後，能共享幸福家庭生活的人較少，大部分都有適應問題，其中產生悲劇的也不少。當夫妻不和而離異時，造成的社會問題很多。由於她們年紀輕，轉入歡場、妓寮的人很多，為社會平添許多麻煩。

四、孤苦老人的養老問題

很多老人既無退休金，也無積蓄，更無兒女奉養，他們的老年生活狀況很慘，這就需要政府設置安養院，收留他們，使他們不再露宿街頭，無飯可食。如果縣市能設公費安養院，就會需要一筆龐大的經費。

五、亟待建立年金制度使人到老年時能自給自足

如果一個人自年輕開始工作起，即按期繳納自付的年金部分，當他年老退出職場時，就不需全部依賴政府救助，而有自己積蓄的年金可作安養的費用；如此既不增加子女的負擔，也不增加政府的負擔。

以上所談的問題都需要政府來支持。政府支持並解決這些問題需要龐大的經費，政府所需的經費是來自稅收；而稅收是課自人民的所得。要充裕人民的所得，就要發展經濟；有了富裕的經濟，才能再配合健全的賦稅制度，前面所提的問題才能獲得解決。

第七節　全球化對人口流動的衝擊

　　全球化的功能就是人口能自由流動，不受國界的限制。事實上，到達這種境界尚需一段很長的時間。全球化的結果，凡有特殊技能的人有更大的選擇自由，所謂「人向高處爬，水向低處流」。如果工作環境、生活環境不令人滿意，有專業的人會到工作環境好而生活亦理想的地方去就業、去安居。也就是說，今後人才的流動會不受地域、國籍的限制。為了留住專業人才，也為了吸收專業人才為我所用，必須改善投資環境，並優化生活環境。這是留住人才、發揮競爭力最重要的條件。

　　由於人口流動的自由度增大，一般傳統產業為了增強競爭力量，多採取委外生產制度。如此一來必會造成更多人失業，成為社會的隱憂。要解決這個問題，如何創造就業機會，乃成為最迫切的社會經濟課題。如果國內大自然風光幽美、醫療發達，便可創立觀光業和休閒業。傳統的觀光業所提供的是大自然風光和罕有的古蹟，如果將其與休閒業、復健業、渡假村業結合起來，必會在交通業、飲食業、旅館業、娛樂業、紀念物業、博彩業等方面創造更多就業機會。因此，台灣經濟必須順應全球化的潮流，作大幅度的開放，以取長補短的策略，化台灣的弱勢為優勢。

第八節　暖化現象對人口的威脅

　　自進入21世紀，地球暖化現象已引起各國政府及人民的重視。尤其在世紀之交，世界上所發生的地震、海嘯、颶風、暴雨、

土石流、乾旱對人類所造成的損失，無疑是空前的，這使人們警覺到暖化現象是否會成為毀滅地球的大自然反撲行為。事實上，根據各方資料，暖化現象正出現在寒冷的地帶，如格陵蘭的冰原縮小，冰島的冰逐漸消失，北極的冰有融化現象，使北極熊、企鵝失去維生的環境。同時，近年來，南太平洋、印度洋的小島有逐漸沉沒在海水中之疑慮。如果海平面上升一公尺，不知多少地方會消失，多少建築會沉在海中，對這種推論，誰也不能保證它不會發生。事實儘管如此，世界上製造二氧化碳的工業大國並沒有認真地實踐京都議定書的要求，仍我行我素，發展許多破壞臭氧層的二氧化碳，使空氣污染更加嚴重，使土壤、河流、深海的重金屬增多，致受感染的魚、蝦類，以及貝殼類成了傷害人類健康的殺手。

儘管有人對人為造成暖化現象的嚴重程度提出警告，也有人認為暖化現象是來自地球本身演化的結果。無論如何，大自然災害已在世界各地發生，其對人類所造成的傷害也愈來愈嚴重。例如2007年世界各地所發生的「反聖嬰」現象，使世界糧食產地歉收，造成糧食供給大幅減少，國際糧價巨幅上升，導致通膨升高，嚴重影響人民生活。如果人類不齊心盡力化解暖化現象的嚴重性，人類的未來是否像諾亞方舟所預言的一樣，大自然浩劫是人類無法避免的宿命？

第九節　對台灣少子化演變之管測

在台灣，少子化現象十分明顯，而且也愈來愈明顯，也愈嚴重。有人不免要問少子化的結果是否成為滅絕人口的一種自然現象？從推理上來說，如果台灣人口中無外來人口的移入，少子化

演變的結果，會使一個族群絕子絕孫。

　　如果兩個家庭的子女結婚之後，不生子女，這對夫妻便無後代。如果兩家子女同居不結婚，也不生兒育女，這一代之後，也無後代為繼。這是很簡單的道理。當然，事情並不單純如此，有的子女結婚或同居不生子女，但有的子女結婚或同居後仍願意生兒育女，這就不會使一個族群無後代承繼香火。就一個國家而言，如果處在這種情況，是聽其自然發展，還是要拿出辦法來，讓每個族群仍能傳宗接代？

　　多年來，經濟學界有種論調，認為生兒育女是種投資行為。如果是為了「養兒防老」，則多生幾個兒女，到年老不能自顧生活時，會由他們照顧；另種投資是將儲蓄存放銀行生息，或投資股票，或投資基金，以便年老時，憑這些投資的盈利養活自己。站在未來年老時，有力照顧自己生活的觀點，這種想法無可厚非。當然也會有人提出存疑的看法，即養兒不一定能防老，事實也確是如此。至於投資牟利，然後憑自己的本利和來養老，並非完全沒有風險。例如一次全球性的金融危機時，也會把個人儲蓄的本利和化成泡影。這並非完全是種假設，也有些事實存在。不論什麼型態的投資，都會有風險存在。無論如何，為了萬全起見，像歐美人一樣，供養兒女讀書，以高中為限；如再繼續深造，就要靠子女自己。作父母的，總要多留點老本，以防兒女不孝，或無力奉養時，自己還能照顧自己。

　　從以上兩種論點，可總結為：一個人在年輕時，就該有生涯規劃，盡可能從所得中留下一部分作未來養老之用，不能全部用在教養兒女身上。同時政府也要建立一種養老金制度，以個人積蓄為基礎，請專家經營，俾達到「老有所終」的目的。

第十節　本書架構

　　為使本書的面向很清楚地呈現在讀者面前，在敘述層次上，我們作了一番精心設計的布局。除第一章為導論，扼要說明本書所重視的有關台灣人口與經濟發展相互影響的論述外，我們作了如下的安排：第二章為〈人口與經濟關係的歷史觀〉，從歷史的演變中，探索人口與經濟究有何關係；第三章為〈台灣人口的靜態分析〉，藉以瞭解台灣人口的現狀；第四章為〈台灣人口變遷與經濟成長〉，所要探討的是台灣人口變遷與經濟成長的互動關係；第五章為〈台灣家庭計畫與人口變動〉，說明家庭計畫之啓動與推動是件劃時代的措施；第六章和第七章指出台灣人口問題中的兩大問題，即高齡化和少子化問題，對於高齡化問題我們指出台灣高齡化現象之形成及嚴重程度；對於少子化問題，指出形成的原因及其影響；第八章為〈外籍與大陸新娘〉，此不僅為新的台灣人口問題，也被視為未來社會問題複雜化的濫觴；第九章為〈外勞問題〉，這也是最近20年才出現的問題；第十章為〈對未來台灣人口消長管測〉，指出台灣人口變化趨勢；第十一章為〈化解人口問題政策平議〉；第十二章為〈總結〉，在此章中，不僅強調台灣人口中已存在的問題，更指出21世紀金融經濟搭上全球化列車，對台灣人口可能帶來的衝擊，以及因應之道。

第二章
人口與經濟關係的歷史觀

第一節　人口與經濟關係的複雜性

　　自有史以來，人口與經濟的關係既密切又複雜。一方面，土地提供了滿足人類基本生活所需要的物資。在此意義上，人類是土地的寄生者。另方面，人類利用土地創造出豐富的文化與財富。在此意義上，人類使土地成為可利用的寶藏。人類不能離開土地；離開土地，即難以生存。但土地可不需依賴人類，仍可供其他生物繁殖。

　　對早期人類而言，占有土地，利用土地，可由聚落擴大成為國家；而國家經濟的形成與發展，端賴對土地的有效利用。對人民而言，為了占有土地，乃有地主和農奴，或佃農之分；為了利用土地，乃有種植與建築之別。利用種植，可達到豐衣足食之境界；利用建築，乃有居家、工作與休閒之場所。對國家而言，為了占有土地，乃有兩國交戰之史實，勝者可擴大其領土，敗者則成為奴隸或階下囚。對人民而言，凡擁有阡陌千里者，既富有，又有權勢；對國家而言，凡擁有龐大領土者，乃成為一大帝國，

達到所謂統領天下、唯我獨尊的境界。

　　土地受天候的影響很大，因而有不同的遭遇，諸如豪雨成災，莊園變成澤國；或乾旱如火燒，土地變成無水無草的荒漠。土地的遭遇直接影響人類的生存，無論水澇或乾旱，人類生活即會受到嚴重威脅。直到20世紀，科學雖已發達，人類可遠征太空，但對天災，人類仍無法完全避免，影響所及，繁榮的經濟會變成蕭條。

　　自然環境的變遷並不完全歸於天意，主要歸於人類對自然環境的長期破壞。諸如對土地過度的利用，土地會變成砂礫，草木不生；對河川湖泊過度的污染，會導致魚蝦絕跡；對污染性產業的過度發展，不但污染了空氣，造成酸雨，也破壞了臭氧層，產生暖化現象，導致北極冰原逐漸消失，海平面上升，危及人類的生存；污染土壤，使五穀蔬菜含有重金屬，造成人類怪病的發生。即使到了21世紀，人類可以征服太空，但卻無法征服土地而任所欲為。人類一旦失去了土地，即失去賴以生存的動、植物，所以人類與土地的關係，並不因人類登上月球，即脫離了與土地的相依關係。

　　大致言之，從遠古到21世紀，在農牧業時代，天候變化影響生態環境；而生態環境之變遷，又會影響人類生活環境。到工業化時代，污染工業的過度發展，也影響天候變化，而天候變化又會影響生態環境，生態環境變化，人類的生存便受到了嚴重的威脅。

第二節　土地的範疇與特質

　　土地的範圍有廣義與狹義之分。狹義的土地，通常是指農

地、山林地；廣義的土地還包括湖泊、河流和沿海水域。

　　一般而言，土地是固定的，它本身不能移動，但地貌是會變的。儘管在特殊情況，會有「走山」現象，湖泊的消失，河川的被淤塞，這只是地貌的變化。土地承受雨水，滋潤土壤，充實湖泊，增加水流，灌溉周圍；充實河川、海岸，提供魚蝦供人類食用，使人類享有豐衣足食的條件。

　　土地有肥瘠之分，肥沃的土地可養活較多的人口，使人類創造燦爛的文化；瘠薄的土地，連野獸都難以存活，而且也難以成為創造文化的溫床。肥沃的土地往往成為人類互相攻伐的藉口，連年戰禍弄得民不聊生；由於科技的突飛猛進，瘠薄的土地深處，也許是煤炭或石油的蘊藏之地。在億萬年之前，肥沃的土地則是人類居住、發展的良地，只因地殼爆裂，或暖化現象嚴重，產生了一夜之間變成地獄現象。

　　沒有河流的土地不會創造出燦爛的文明，沒有高山峻嶺不會創造出令人心儀的神話。沒有廣袤的平原，不會出現五穀豐收的農業文化。沒有大川、海洋的連繫，不會創造出東西文化交融及頻繁的貿易往來。沒有濃鬱的森林，不會有禽獸繁殖，供人類角逐食用。

　　在歷史上，為了爭奪肥沃的土地，不知引發了多少戰爭，即使到了20世紀，為了爭奪蘊藏自然資源的土地，曾發生兩次世界大戰，雖然造就了無數英雄好漢，及可歌可泣的史蹟，但也犧牲了數千萬的生靈。戰爭結果，挑戰者往往徒勞無功，以投降結案。隨著科技的進步，地球仍不能滿足欲大膽亦大的野心家，他們拼力地到外太空去角逐，到最後，還是要回到地球所提供的土地。

　　工業化革命成功後的世界，每個國家為壯大經濟版圖，無所

不用其極，過度利用地下埋藏的煤炭和石油，然後發展煤炭工業、石油工業，因為排放出大量的二氧化碳，日積月累，破壞了空中的臭氧層，使太陽的紫外線無阻礙地直射大地，結果造成暖化現象；隨著歲月的更替，暖化現象愈來愈嚴重，致北極的冰開始融化，北極熊與海獅難以生存。而南太平洋的諸多島嶼，也因水位上升，逐漸沒入海水中。可是仍有很多人並不知覺悟、自制，仍我行我素。未來地球上的土地是否存在，供人類生息？或像噩夢一樣，衝擊人類的生存？因為世界末日是否會到來，誰也不敢保證。

第三節　人口消長的原因

　　談到人口問題，早在中國古代，已將人口與經濟的關係聯繫起來。如《大學》中曾談到：「生財有大道：生之者眾，食之者寡；為之者疾，用之者舒；則財恆足矣！」意涵是：適量人口是必要的。比馬爾薩斯(T. R. Malthus)早20年出生(1746)的清代碩儒洪亮吉在其《意言卷・治平篇》中曾論及人口增加率與糧食增加率之差距，並主張拓荒墾殖，以調劑過多的人口，避免動亂(林逸，1975)，只可惜這些看法並未形成一套理論，傳之於世。1798年，英國經濟學者馬爾薩斯發表《人口論》(*Essay on the Principle of Population*)。他有兩大前提，即(1)糧食為人類生存所必需的物品；(2)兩性間之情慾是難以避免的。在此兩前提之下，認為人口的生殖力遠超過土地的生產力；如果人口不受限制，將以幾何級數增加，但生存資料卻以算術級數增加。他認為生殖係人之本能，具有無限發展的潛力，但糧食卻受土地報酬遞減律的限制

而不能無限增加。因此發生人口過剩，糧食不足現象，造成貧困、飢餓、犯罪與戰爭等。根據這些現象，他發展出「人口法則」，包括：(1)人口的增加必受生活資料的限制；(2)人口如不受限制，必隨著生活資料之增加而增加；(3)人口優勢的增加力將受窮困與罪惡的抑制，致使實際人口常與生活資料保持平衡。他將限制人口增加的因素分為兩類：一為預防的限制，包括(1)道德的抑制，如獨身、禁慾、晚婚等；(2)罪惡等的減少出生。另一為積極的限制，如災難、飢餓、瘟疫、戰爭等提高死亡率的因素。他這種悲觀論調，曾受到多方面的批評。1803年，《人口論》第二版問世，他的看法比以前樂觀了，他相信社會有改善的可能(于宗先主編，《經濟學百科全書》，頁2186-2187)。

　　但就中國的情況而言，「一亂一治」成為歷代王朝興替的基本法則。在戰亂時會有大批的人民死亡；在政治清明時，會有嬰兒潮出現，人口大量增加。在春秋戰國以前，有禹治水之傳說，表示在禹執政之前，中國曾有洪水為患，不知多少生靈隨波而亡；洪水退後，人口復又增加。在戰國時代，諸侯互相攻伐，干戈擾攘，從無寧日，因戰爭而死亡的人民，難以計數，直到秦始皇統一中國，戰亂才平息。未幾，因秦朝暴政，民不聊生，乃有陳勝、吳廣揭竿起義；秦亡，又有數年的楚漢之爭，為戰爭而死亡的人數，動輒數十萬人；到劉邦平定天下，建立西漢，曾昌盛一段時間。當時人口倍增，惟由於土地兼併成風，造成「富者田連阡陌，貧者無立錐之地」，王莽知形勢嚴重，希圖將土地重行分配，但積重難返導致天下大亂；乃有赤眉之亂，人口大減，據估計人口減少三千多萬人。到東漢，復因土地兼併更為嚴重，馴致黃巾亂起，到三國末葉，中國人口減至670萬人(見錢穆，《國

史大綱》)。北朝開始,解決土地問題成為重要政策,乃以授田為解決土地問題的方法。到隋唐統一南北朝,仍採行授田方法。惟中唐以後,土地兼併之風又起,更以朝政腐敗,藩鎮作亂,使農民不能生活,黃巢乃應時而起,轉戰十載,靡爛全國,後經五代之混戰,損失了三千多萬人口。唐天寶時,有人口5,300萬人,到了宋開寶時,只剩下1,500萬人。到明末,因政治腐敗,流寇又起,而外患相繼而來,兵戎不息,民不聊生,致晚明民變又起,張獻忠、李自成發難,率領流民,橫行天下,乃顛覆明朝。據估計,從漢至明,人口平均為5,000萬人;到了清朝乾隆時代,中國人口增為2.88億萬人。到清末民初,中國人口達到4.5億人。由於軍閥割據,相互攻伐,又加上日寇侵華,八年抗戰犧牲的軍民約四千多萬人。到1945年,抗戰勝利,旋即內亂又起,數次大規模戰爭,以及1950年韓戰爆發,中共的「抗美援朝」而犧牲的軍民也有二十多萬人。1949年,中國人口約5.4億多人。1959年,由於中共採取大躍進戰略,採土法煉鋼,又消除家庭制度,採行「人民公社」,1960年,大陸死亡率高達25.4‰,致人口自然增長率大幅下降0.457%,即較1959年減少317.1萬人。

由於中共領導人毛澤東「人多好辦事」的主張,加上大陸內地無戰亂發生,人口增長速度很快。到1980年,大陸人口達到9.9億人。1978年,中共採行改革開放政策,並採取「一胎化政策」,大陸人口增加速度到1990年代才開始緩慢下來。到了2005年,大陸人口已達13億人,為世界各國人口之冠。

從中國歷代王朝人口演變,可得出一個模式:

新王朝建立→人口增加→土地兼併→貧富差距加大→

內亂蜂起→人口大量死亡→新王朝建立→人口增加→
土地兼併→貧富差距加大→內亂蜂起→人口大減
少……

　　在戰爭期間，軍民會大量死傷，戰爭結束時，瘟疫會流行，
因缺乏醫藥，人民又窮，死亡率會大幅提升。至於天災所造成的
人口減少，在中國歷史上，畢竟有限。

　　就台灣情況而言，第二次世界大戰期間。因非前線，亦非盟
軍登陸地區，軍民死亡人數不多，不過，被徵調到東南亞打仗的
台灣兵，有不少死於戰爭或死於流行病。第二次世界大戰結束
後，台灣人口大幅成長。1945年，台灣人口為662萬人，其中有
50萬日本人，被遣送回日本。1946年，台灣人口便減為609萬人。
到1951年，增為787萬人，增加率為5.3%，1956年更增加為939萬
人，增加率為3.66%。戰後台灣人口之劇增，主要由於由大陸撤
退來台的軍民為數甚鉅。

　　事實上，自1950年至2007年，台灣本島處於安定狀態，除1958
年金門八二三砲戰，軍民有數百人死傷及1999年9月21日南投大
地震，死亡達四千多人，除此之外，從無大規模戰爭發生。不過，
自1960年代以來，台灣產業結構發生劇烈的變化，民智的提高，
男女受教機會平等，職場競爭激烈，一般及齡人口不願多生子
女，致台灣人口增加率便與時呈相反方向的變化。雖然到2008
年，台灣總人口仍在增加，但由於自然增加率不斷下降，預估到
2015年，台灣總人口就會開始下降。

　　台灣總人口增加數與自然增加數並不一致。在1950年至2006
年期間，有一半時間，總人口增加數低於自然增加數，這與台灣

人口移出大於移入有關。這種現象之發生肇因於台海局勢的影響，有不少人移民美國、加拿大、澳大利亞等地，而移入的人數有限。如果1990年以來，沒有外籍配偶的移入(35萬人)，總人口減少的數目會更大(見表2.1)。

表2.1　台灣人口增長情況

單位：1000人；%

年	台灣總人口			自然增加人口數		差額 (3)=(1)-(2)
	總人數	增加人數 (1)	增加率	增加人數 (2)	自然 增加率	
1950	7,544	155	2.1	234	3.18	-79
1955	9,078	332	3.8	327	3.67	5
1960	10,792	363	3.5	345	3.25	18
1965	12,628	368	3.0	339	2.72	23
1970	14,676	344	2.4	323	2.23	21
1975	16,150	301	1.9	293	1.83	8
1980	17,805	349	2.0	329	1.86	20
1985	19,258	285	1.5	253	1.32	32
1990	20,353	202	1.0	230	1.13	-28
1995	21,304	169	0.8	210	0.99	-42
2000	22,216	176	0.8	179	0.81	-3
2001	22,340	124	0.6	132	0.59	-8
2002	22,453	113	0.5	118	0.53	-5
2003	22,535	82	0.4	96	0.43	-14
2004	22,615	80	0.4	81	0.36	-1
2005	22,690	75	0.3	66	0.29	9
2006	22,790	100	0.4	68	0.30	32

資料來源：The Council for Economic Planning and Development, *Taiwan Statistical Data Book*, 2007.

第四節 台灣農業時期人口與經濟的關係

討論人口與土地的關係，通常用人地比例來觀察經濟的盛衰。這種論述有一個基本假設，即土地是固定不變的，但人口是在變的，致人地比例是：每人所分得的土地會愈來愈少。

人地比例＝土地面積／人口數

當人口不斷成長時，在土地面積不變的情況下，每人所分得的土地面積會愈來愈少。此處所指之土地應為廣義的土地，而非狹義的土地；狹義的土地是會變的，如山坡地的開發，沼澤地的開發，以及森林地之被闢為農地，河流淤積成洲等；洪水過後，許多土地變為沼澤地，土石流氾濫使可用的土地消失。如論及的是廣義的土地，則土地是固定不變的，所能改變的，只是地貌而已。

在一個落後而處於靜態的農業社會，耕作技術是停滯不變的，甚至千年不變。如用人力耕田。現在想來真是不可思議，可是中國大陸，在反右鬥爭時期，人民公社時期，文化大革命時期，在很多地方，是用人來耕田的，這與千年前並無不同。在千年以前，人類已知用獸力與犁耙耕田；而用人力與獸力耕田，其生產力既低，且難以提高，而農地的收穫幾乎完全靠天，當風調雨順時，收成就會高些；當乾旱過久而豪雨連綿時，收成就會差些，這完全是「靠天吃飯」的寫照。除天災外，尚有蟲害，而蟲害猶如傳染病，幾無任何有效對策可施。一般莊稼也會得傳染病，一

且被感染，一夜之間，一個地區的莊稼就會死光。

　　台灣土地面積為3,601,220公頃，分已登記土地與未登記土地。以2000年而言，已登記土地面積占土地總面積之65.83%，未登記者占34.17%。就已登記土地而言，農地(包括耕地、水田和旱田)、魚池和牧地占39.47%，山林占44.87%，建築用地占7.99%，交通水利用地占4.51%，其他占3.16%。台灣的耕地面積在1952年為876,100公頃，到1980年增為907,000公頃；然後逐年下降，到1990年降為890,090公頃，2000年再降為851,495公頃。耕地面積之減少是工商業發展難以避免的結果。如工業區的擴展、公路的增建、都市面積的擴大，都會侵占耕地，使其面積減少。

　　再就農戶而言，1952年農戶為679,750家，到1979年增為918,152家，然後逐年下降，迨至1990年突然增至859,772家，直至2004年。根據毛育剛的解釋，1990年農戶之暴增，係因政府實施農民福利政策，而所增加者以專業農戶為多；其所以如此，是由於大農戶分拆為小農戶時，許多小農戶之全部人口中無人專辦或兼辦其他行業，因而在分類上歸屬專業農戶，致在數字上有明顯之增加(于宗先、毛育剛、林卿，《兩岸農地利用》，頁73)。

　　至於每一農戶平均持有之耕田面積，1952年為1.29公頃。1980年降為1.02公頃，1990年微增為1.04公頃，2005年為1.09公頃。由時間序列可知，每戶平均耕地很小，而且50年來變化不大。由於每戶耕地面積很小，不能從事大規模生產，因此，要想提高小農的生產力比較困難(見表2.2)。

　　從事農業人口，在1952年為425.7萬人，到了1970年達到599.7萬人，為最高；之後，便趨下降。到2005年便降為340萬人，占台灣人口的15%。事實上，真正從事農業者並非如此多，因為很

表2.2　台灣農業人口與耕地比例

年	可耕地面積 （千公頃）	農戶 （千戶）	每一農戶 平均耕地面積 （公頃）	每一就業農民 平均耕地面積 （公頃）
1952	876	680	1.29	0.53
1955	873	733	1.19	0.52
1960	869	786	1.11	0.50
1970	905	880	1.03	0.54
1980	907	891	1.02	0.71
1990	890	860	1.04	0.84
2000	851	721	1.18	1.15
2005	833	767	1.09	1.41

資料來源：同表2.1，頁85。

多農民，在身分證上是農民，實際他們在三、四十年以前便改行從事其他行業了，而且也離開了農村，他們之不願放棄農民身分，主要是因為只有農民才有權購買農地；如果農地變成商業用地，他們就會發筆大財。綜合而言，人地比例有下列三種不同的涵義：

　　1. 人地比例＝耕地面積／農戶數
　　2. 人地比例＝耕地面積／專業農人數
　　3. 人地比例＝台灣土地面積／台灣總人口

　　其實，農業並不限於農田種植，而且也包括林業、漁業、養殖業。在台灣林業已無發展的餘地，因為過去砍伐樹木過度，山坡地的植被受到嚴重破壞，再加上921大地震對山丘的震擊，使林地的發展受了限制。至於漁業，主要為海上捕魚，不受土地的

限制,養殖業多在池塘中或海岸邊發展,少受土地限制。因此漁業發展已不受人地比例的限制。漁業的發展是十分動態的,一般漁民多到遠洋去發展。很多年以來,就出口價值來說,漁業的貢獻遠比農作物業、家畜業、林業為大。池塘養魚蝦是受限制的,因為使用太多地下水,使地層下陷,失去種植的功能;如果靠近海岸養殖,因地層下陷,每屆颱風豪雨漲潮時,則會變成澤國,失去農作利用的價值。

我們從人地比例來觀察,可分三個角度,即耕地面積/農戶數的比例,從1952年至2005年並沒有增加,仍然是小規模。再就是耕地面積/專業農人數的比例,在1990年以前,尚不及1公頃,到2000年才增加到1.15公頃。2005年又增加到1.41公頃,仍然是小規模。如果從全台灣面積來觀察人地比例,1956年每人為3.83公頃,到1980年降為2.02公頃,到2000年更降為1.62公頃。如果翻過來看,台灣人口密度,1956年每平方公里為260.8人。1980年增為494.5人,到2000年更增為617人,為世界人口密度高的第二位(第一位為孟加拉)。

表2.3　台灣人口土地比例

年	台灣人口密度 (人／平方公里)	人均土地 (公頃／人)
1956	260.80	3.83
1970	407.60	2.45
1980	494.50	2.02
1990	565.30	1.77
2000	617.00	1.62

資料來源:《內政部統計提要》2001年。

　　台灣自1965年起，已漸漸脫離以農業爲主流，邁向工業化時代，在工業化時期，土地面積對工業生產的限制程度有限。到了電子資訊爲工業主流時代，工商業建築強調立體發展，建築愈高，利用的土地面積愈少，但產值卻倍增，也因此，提供更多就業機會。像美國加州的矽谷區所創出的價值超過印第安那州的農業價值；新竹工業科學園區所創造的價值也超過嘉南平原的農產價值。因此，在工業化時代人地比例的限制意義就不大了。

第五節　台灣工商業時期人口與經濟的關係

　　台灣經濟快速成長的結果使台灣經濟從1960年代後期便進入以工商業爲主流時期。台灣的工商業可細分爲兩個時期，即1966年至1990年爲傳統工業時期，從1991年至2008年爲電子資訊業與商業時期，也可稱爲e-化工商業時期。

一、傳統工業時期

　　自1946年至1970年，台灣農戶人口一直在增加，從1971年起，農戶人口便不斷的下降。相對的台灣總人口，卻一直在增加。當工業漸漸取代農業時，農村剩餘的勞力，尤其年輕一輩，喜歡到加工區、城市工作，因爲加工區的待遇較農村爲高，而且不受烈日與風雨的影響。城市比鄉間提供較現代化的設備，而且娛樂活動亦多。尤其六年義務教育延長到九年時，凡國中畢業的農村子女多不願守候在農村，嚮往城市生活。這是農戶人口減少的主要原因。事實上，就人地比例而言，能移出的農戶人口原在農田的邊際生產力多爲負值，因爲每戶耕種面積不變，使用的農工卻

不斷增加。

我們不妨從產業觀察其就業狀況。

台灣就業人口在各產業之變化也很大。在1952年農業占56.1%然後逐年下降，到1975年降至30.4%；到1990年降至12.8%；2000年降至7.8%；2006年再降為5.5%。在同期間，工業由1952年的16.9%增至1975年的34.9%，已超過農業。到1980年增至42.5%，為最高峰；之後，便漸趨下降，到1990年降至40.8%；2000年降至37.2%；2006年再降至36.6%。在服務業方面，1952年占27.0%，然後不斷增加，到1988年其所占比例超過工業；到1995年，其所占比例超過50.0%；到2000年為55.0%；2006年更增為57.9%。從就業人口的變動，可知1970年以前，農業就業人數為最多，次之為服務業。從就業人口而言，1970年以前農業為主流時期，之後，便為工業。1985年之後，服務業為主流時期（見表2.4）。

表2.4　各產業就業結構

單位：%

年	農業	工業	服務業
1952	56.1	16.9	27.0
1970	36.7	28.0	35.3
1975	30.4	34.9	34.7
1980	19.5	42.5	38.0
1987	15.3	42.8	42.0
1988	13.7	42.5	43.8
1990	12.8	40.8	46.3
1995	10.5	38.7	50.7
2000	7.8	37.2	55.0
2006	5.5	36.6	57.9

資料來源：同表2.1。

　　若從各業生產毛額（GDP）來觀察，則會出現另種面貌（見表
2.5）。自第二次世界大戰結束後，雖然台灣是以農業爲主流的經
濟，但服務業GDP所占份額爲最高，其次爲農業，工業爲最低；
到了1980年工業GDP所占份額爲最高，其次爲服務業，農業爲最
低。服務業所占份額之高，乃是因爲有價值相當高的「其他」都
放在服務業。由於統計上的遷就，致服務業所占份額一直都很
高。事實上，服務業之成長與工業之發展有密切關係。服務業中
之運輸業和金融業都是應工業發展之需要而發展的。如果工業不
發達，交通運輸業也不會有發展；同樣，金融業、商業的發展都
是應工業發展之需要而發展的。這種論調自然不適用於城市經
濟，如香港、新加坡。它們在服務業之發展主要賴區域經濟或國
際經濟之發展。對於工業和服務業而言，人地比例是無大意義的。

表2.5　各產業在GDP中所占份額

單位：%

年	農業	工業	服務業
1952	35.2	18.9	45.9
1970	17.6	36.4	44.0
1975	14.6	41.1	45.7
1980	7.6	47.4	45.0
1987	5.2	44.5	50.3
1988	4.9	42.3	52.8
1990	4.0	38.4	57.6
1995	3.3	32.8	63.9
2000	2.0	29.1	68.9
2006	1.5	26.8	71.7

資料來源：Council for Economic Planning and Development, *Taiwan Statistical
Data Book*, 1987, 1998, 2007.

二、e-化工商業時期

自1980年代以來，台灣政府即開始推動電子及資訊業的發展，其實在1980年代，所收效果並不顯著。到1990年代個人電腦（PC）盛行，而台商從事代工生產以來，電子及資訊產業即大幅成長。然而由於傳統產業的國際競爭力漸弱，部分移去海外生產，致使工業在國內生產毛額中所占比例仍不斷下降。不過，由於電子及資訊業的迅速發展，不但結合很多服務業的發展，也衍生出e-化服務業的擴展，致使工業和服務業在性質上，難以區隔，如專業、科學及技術服務、物流業等。

電子及資訊業雖然為製造業的主流產業，然其所創造的就業並不可觀，因為其員工主要為科技業人才。

在e-化工商業時期，人地比例不再受到重視，因為開工廠所需土地畢竟有限，儘管在高雄楠梓設置兩個加工區，在台中也設置一個加工區。另外，1980年以來，在新竹設立科學園區。之後，又在高雄、台中陸續設立科學園區，同時在1980年代，也設置一些工業區，但其總面積尚不及一個農業區大。農耕主要是在一平面上生產，而e-化工商業是在室內生產，尤其高科技產業，如電子與資訊業多在樓房內進行，所占土地面積比較小，所以在這種情況下，人地比例就比較不重要了。

1980年代後期，台灣發生勞工短缺現象，部分廠商開始到東南亞國家設廠，如泰國、印尼、馬來西亞、菲律賓等國家，因為這些國家的勞力充沛而工資低廉，具遊牧民族性格的台商到海外投資設廠，就是這種性格的具體表現。同時台灣勞工對一些風險性高，特別辛勞的工作，也不願從事，於是建築業首先引進外籍

勞工。外籍勞工分兩種：一為從事建築工程、漁船及特別辛苦的勞工；一為幫佣，專司看護老年人、殘疾人。外籍勞工的移入對國內勞工在工作機會上是否有競爭作用？事實上，所雇用的勞工所從事的艱苦而危險性高的工作均非國內勞工樂為，所以沒有競爭的效果。

第六節　台灣土地問題之質變與量變

　　近60年來，台灣土地問題不僅發生了質變，也發生了量變。這種變化的主因為工商業快速發展的必然結果。在以農業為經濟主流時期，土地的質與量鮮有變化，因為農業技術的改進是緩慢的，可是到了以工商業為經濟主流時期，土地所面臨的社會經濟情況有了大的變化，像加工區的設置，工業區的劃定，公、鐵路的擴充，產業道路的開拓，以及城市的擴展，都會使農業所利用的土地不斷被削減。尤其在「台灣錢淹腳目」的1980年代，台灣流失的農地很多。當農田中的漁池，因過度抽地下水，致地層下陷時，便無法再恢復原貌，用作農耕。尤其「921大地震」發生之後，台灣中部與北部的山岳內部多被震碎，只要暴雨來臨，便產生土石流現象；嚴重的土石流不僅使農田消失，失去被農作物利用的價值，也會使農戶住處夷為荒地。

　　雖然台灣還有些未登錄的土地，但其所釋出的土地之利用價值不高，如果其利用價值高，很早就會改變為登錄的土地，不會留到現在還是未登錄。

　　工商業的發達，帶動了城市的興起與擴展，也誘使具生產力的年輕農民離開家人而到城市發展。在農村剩下的人口，則以老

人與幼齡人口為主,而他們的生產力量是有限的。因此,在農業區就產生了「休耕制度」;凡休耕的農地可以得到政府的補貼。

都市的擴張包括土地的平面擴張和土地的立體擴張。由於都市土地的價格愈來愈高,高樓大廈成為都市建築的趨勢。一座大樓往往包括住家六、七十戶,如果住家以平房論,一座大樓所提供的居住面積會有數十倍之大。雖然都市的擴展是以犧牲農地為代價,但卻提供數十倍多的居住面積。

由於工業,特別是污染性的工業對環境的污染是相當嚴重的。它不僅污染空氣、河川,甚至地下水,也污染土壤,使其失去出產農作物的力量。

第七節　全球化對台灣人地關係的衝擊

在工商業社會,人地關係已發生了劇烈的變化,土地並非不重要,而是工商業生產所利用的土地比較有限,因此,人地比例的關係與在農業時期完全不同。自進入21世紀,全球化浪潮已開始衝擊每個角落、每個行業。它對各業生產與各業生產所利用的資源都產生了不同的影響。首先是產品。在傳統工業時期,由甲國生產之後,輸往乙國;現在是由甲國生產上游階段,輸出他國繼續完工,之後再送回甲國貼標籤、裝箱,再輸出到丙國;或者,由甲國接訂單,以委外方式,到勞工便宜的乙地區生產;然後,由乙地區出口。在後一種情況,既不需要廠房,也不需要倉庫,只需要一部電腦即可完成生產程序。

生產資源中的勞力,供需也起了變化。在傳統工業時期,所需要的勞力都是由國內供給;現在勞力也起了變化。開發中國家

的勞力可以到已開發國家或新興工業化國家工作，即所謂的外勞。現在外勞成了高工資國家所歡迎的對象，因為他們能從事危險性而格外辛苦的工作。至於高級人力，尤其有專業的人力，已成為各國所歡迎的對象。這些有專業的人力以四海為家，哪裡的生活環境優良，他們就會到那裡去。所謂報效國家的傳統觀念，在他們心目中，已逐漸褪色。

這一趨勢之形成，所謂鐵飯碗、銀飯碗與金飯碗的職業，逐漸消失。在不久的未來，沒有一個行業會維持終生雇用制，也沒有一個國家會排斥外來的人才來就業。日本就是個最好的例子。數年前，Sony公司竟聘請外國專家擔任該公司的執行長（CEO）；許多企業為了節省人事成本，也逐漸放棄終生雇用制。近年來，派遣公司、人力銀行的興起與發展，就是因應這種趨勢而產生的。至於它所產生的後遺症，則非當代的企業所關心；而政府官員對此現象的發展，也視若無睹。

第八節　人地關係的新境界

縱觀世界上的富裕大國，並不完全是地大的國家；除非地大，而地下有豐富的石油或其他經濟發展最需要的資源。世界上有很多小國竟變成富裕大國或經濟體，如新加坡、澳門、香港、瑞士及北歐國家。它們都不是地大而物博的國家，何以它們竟發展成為富裕的經濟？主要在於能有效利用土地與人力資源。從這個角度上言，人地比例的關係不再是決定一國貧富的關鍵條件。

就台灣情況而言，在1970年代以前，人地比例的關係確很重要，因為在那個年代，台灣經濟仍然是以農業為主流，人民靠天

吃飯的成分很大；可是自1980年代以來，人地比例的關係有了新的發展。就農地而言，持有的面積大並非致富主要原因；但對都市土地而言，持有的市地愈多，財富的累積也愈大，因為工商業愈發達，都市土地就愈重要。對從事長期理財的人而言，擁有更多都市土地比擁有大量股票、債券更能致富。

高科技產業的生產所利用的土地十分有限，尤其軟體工程的設計工作，一座二、三十層的高樓可以容納數十家的公司，這不像石化業、鋼鐵業、水泥業的生產需要大面積的生產基地。尤其物流業發展以來，所需要的倉庫也會大量縮小。

同時在人口密度高的國家，如果它的國民能受到中等教育或技職教育，他們就會成為全球製造業爭取的對象。所以委外業務的發展就為他們提供了就業的機會，使他們免去受土地面積大小的限制。這些新興產業的發展為人類提供了新的就業機會，從而也解決了人地比例失衡所造成的悲劇。

第三章

台灣人口的靜態分析

　　對人口的靜態分析，通常以其規模及結構為主要內容，本書所研究的自然也不例外。台灣的人口，在規模與結構上，有完整而翔實的資料，自日本統治台灣之始。人口在規模與結構上的變化，因人口本身具有隱藏墮性(hidden momentum)，即使我們將研究的重心放在戰後人口與經濟發展的關係上，但戰前的人口卻深刻影響到戰後，如1930年代出生的人，到1950年代為20-29歲的人，他們大都為家計單位的主要工作對象；到1990年代，他們的年齡來到60-69，又從勞動市場退休；若沒有極大的社會人口流動（國際遷徙），這一年齡層的人口就取決於存活的人數。現代的人活得長，現在的老人(在2008年，年齡在65歲以上者)都是在二次大戰結束前出生的。由此可知，人口的規模與結構，為長期的緩慢變動過程，具有時間的連續性。

　　近一世紀，台灣的地位卻發生兩次巨大變化。一為清朝甲午戰爭失敗，於1895年將台灣割讓給日本。之後日本統治台灣51年（1895-1945）。值此期間，在台灣的日本人口快速增長。另一為日本因在第二次世界戰爭中失敗，台灣光復為中華民國的一個省。日本人搬離台灣後，大陸的國共內戰又起。1949年國民政府播遷

42 ◎ 台灣人口變動與經濟發展

來台，所謂的「外省人」就大量地遷移到台灣。中華民國政府有
效統治的地區，除台灣、澎湖外，還包括人口相對少的兩個外島：
福建省的金門與馬祖，而金馬的居民與台灣都享有充分的國內遷
徙自由，如此也影響台灣的人口規模。

第一節　戰前台灣人口的規模與其組成

　　台灣人口資料可追溯到18世紀。《台灣通史》記載，在嘉慶
16年(1811)，有司彙報全台民戶，計二百萬餘口，而土番不計其
內；在光緒13年(1887)，其時造報者計超過320萬人。這些數據
所示人口規模，雖編查未詳盡，但足可知其大概。

　　日本為推行殖民統治，1895年後就開始調查人口，對戶籍進
行全面調查，1896年台灣就有人口資料。1946年台灣省行政長官
公署統計室編印《台灣省51年來統計提要》，完整編列1905年到
1943年的台灣人口資料。此資料為研究台灣在日據時期的重要素
材。

　　1896年，台灣總人口有258.77萬人，其中台灣人257.71萬人，
日本人1.06萬人 [1]。《統計提要》上的人口統計資料可細分台灣
人、外地人(外省人)與日本人等，而總人口就是這些種族人口之
合計。台灣人口規模(如圖3.1所示)，由1905年312.33萬人持續增
到1943年的658.58萬人，圖3.1顯示每年人口都有淨增加，而1920
年以後的增加似呈遞增走勢，呈現台灣人口進入快速增加階段。
此期間，台灣總人口淨增加110.86%。

1　見陳紹馨(1979)。

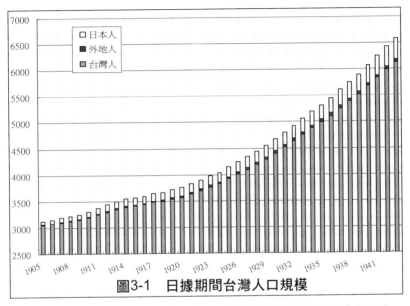

圖3-1　日據期間台灣人口規模

資料來源：台灣省行政長官公署統計室，《台灣省51年來統計提要》（1946）。

　　日據期間，台灣人口仍以台灣人為主，所占比例雖呈下降走勢，但其比例皆未低於90%，始終為最主要的族群。1905年台灣人由305.5萬人增到1943年的613.39萬人，增幅有100.78%，略低於總人口的增速。外地人由0.82萬人增到5.2萬人，增幅有534.14%。日本人由5.96萬人增到39.71萬人，增幅為566.28%。1943年台灣人、外地人與日本人之人口比例分別為93.14%、0.79%與6.03%。日本人之所以在台灣快速增加，係因在殖民政策下鼓勵其來台定居與經商所致。

　　日本人在台灣人口雖快速增加，但由於所占比例低，致使台灣人口轉型仍取決於台灣人之人口增長型態上。此期間，台灣人也是年年有淨增加，而在1920年以後增加呈遞增走勢。

第二節　戰後台灣人口的規模與轉型

一、人口增長

　　第二次世界大戰後數年，也就是在1940年代後期與1950年代前期，台灣人口發生巨大的社會流動。先是在台的日本人撤回日本，其次是來台接受日本投降的國民政府所派的官、兵及隨後來台的大陸人；後來因國共戰爭失利，國民政府播遷來台，隨政府播遷而來台的官、軍、民及其家屬，在1949年與1950年大量流入台灣。

　　1945年8月日本投降，台灣在是年10月25日光復。1945年起台灣就產生巨大的人口社會流動。日本投降後，居住在台灣的日本人陸續遷出台灣，其人口至少有39.7萬人；而來台灣接受的官兵及隨之來台的人民，約有5萬人，另約4萬台灣人於大戰結束後由外地返台（見李棟明，1968）。

　　來台的大陸人士，可粗分為軍人與非軍人兩類。非軍人者可從戶籍資料的變動上知其大概，而來台的軍隊人數因未公開，只能估計。戶籍資料的人口數，始自1946年，我們將其人口總增加率與自然人口增加率繪製成圖3.2，從圖中得知，只有在1947年到1950年與1969年的兩者增加率之間產生較大的差異；其餘年份兩者是相近的，相近者表示在戶籍人口登記上社會人口流動並無大變動。1947年到1950年間人口總增加與自然人口增加之差距，可視為非軍人之大陸人士遷入來台，此期間累積的人數有722,797人；而1969年戶籍資料上364,313人之差額，有可能為在戶籍上補

登記之軍人。此兩個數字的加總，約爲109萬人[2]。

表3.1 特殊年份台灣人口增加情形

單位：人

年期	年底總人口 （1）	總增加 （2）	自然增加 （3）	差額 （4）=（2）-（3）
1946	6,090,860			
1947	6,497,734	406,874	126,879	279,995
1948	6,807,601	309,867	168,463	141,404
1949	7,396,931	589,330	207,494	381,836
1950	7,554,399	157,468	237,906	－ 80,438
1946-50之累積		1,463,539	740,742	722,797
1968	13,650,370			
1969	14,334,862	684,492	320,179	364,313

資料來源：內政部，《人口統計年報》，2006年。

圖3.2 台灣人口總增加率與自然增加率

資料來源：內政部，《人口統計年報》，2006年。

---

2 其實，大陸遷入台灣的人口至少在此數據之上。依保守分析，1969年戶籍補登之前，必然會發生來台人士之病故死亡現象。

　　據戶籍資料，戰後台灣總人口由1946年609.09萬人持續增加到2006年2,279.03萬人。60年間，人口淨增加274.17%。從圖3.3顯示，台灣地區總人口年年都在增加，但在1970年後，所增加的人口似呈遞減式的增加。我們將台灣總人口的增幅情形，與19世紀初相比較，2006年的總人口為1896年台灣人之人口的8.81倍，為1905年人口（台灣人加外地人）之7.46倍。一世紀以來，台灣人口增加6倍以上，這是一個非常驚人的增長數字。

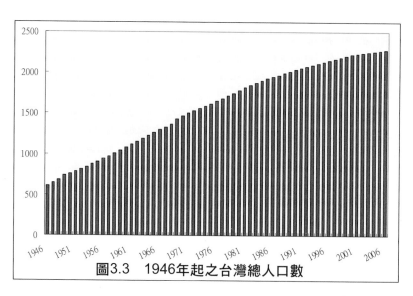

圖3.3　1946年起之台灣總人口數

資料來源：同圖3.2。

二、人口轉型

　　人口之所以會如此大幅增加，主要有兩個來源：一為人口的自然增加，另一為人口遷徙。而台灣人口大幅增加的主要來源還

是在於人口的自然增加。台灣發生人口規模持續擴大的過程，同時也是人口轉型(demographic transition)的過程。人口在轉型過程中，從高出生率與高死亡率並存，轉向到低出生率與低死亡率；由於高死亡率先行下降，因而在人口轉型過程中，會產生人口爆發(demographic explosion)。

　　人口轉型，可分為三個階段[3]。在第一個階段，高出生率與高死亡率並存，人口成長呈靜止狀態；在第二個階段，死亡率開始下降，但出生率仍維持在原先的高水準，人口開始呈現快速增長。此階段因死亡率對現代化的反應較出生率來得快速。在現代化時期，社會有較好的公共衛生，人民有較高的所得與較足的營養攝取。尤其是對疾病的控制與生病的治療，不但壽命得以延長，而且嬰兒死亡也大幅下降。在第三階段，生兒育女的觀念終會受到現代化的影響而使出生率開始下降，一直到所下降的出生率約等於死亡率時，人口轉型的過程才告完成。人口轉型而導致人口爆發的現象，是處於人口轉型的第二與第三階段，即：在人口轉型的過程中，由出生率與死亡率之間的逐漸擴大，而後兩者之間又逐漸縮小。只要出生率大於死亡率，人口就會一直持續增加。

　　台灣地區人口粗死亡率的走勢情形如下：1920年前皆在25‰以上，有時年間變動幅度大；1921年，死亡率降到24.4‰，而後就呈穩定下降走勢。1947年起下降加速，由18.1‰快速下降到1952年之不及10‰。1970年降到低於5‰。1972年來到最低的死亡率

3　人口轉型之另一種階段劃分，將之分為五階段，即靜止階段、早期與晚期擴展階段、低度靜止階段與衰退階段，而發生人口快速增長的現象，便是處於人口轉型的擴展階段(見蔡宏進、廖正宏，1987)。

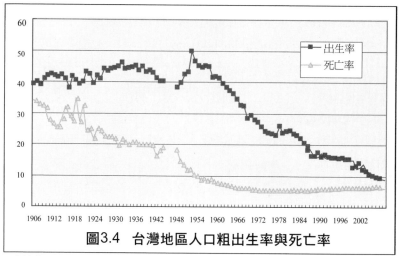

圖3.4　台灣地區人口粗出生率與死亡率

資料來源：同圖3.1與圖3.2。

4.7‰。之後的走勢就維持在這個數字上游走。直到1988年死亡率才開始回升到5‰以上。2006年的粗死亡率為6‰。相對地，台灣地區人口粗出生率的走勢，就與粗死亡率完全不同。在日據時期，出生率大都維持在40‰以上，1940年代後期，出生率反而逐步走高，由1947年的38.3‰爬升到1951年之50‰，之後，出生率開始下降，1956年為44.8‰，1960年為39.5‰，1967年起就落在30‰以內，1984年起就落在20‰以內。2004年起就落在10‰以內，2006年為9‰。

　　就近十年與主要國家人口增加率相比較（見表3.2），歐美國家及日本的出生率呈現停滯或緩慢下降現象。相對的，台灣與南韓是下降最為快速的國家。台灣在2005年的人口出生率，不但低於新加坡，更是大幅度地低於歐美及紐、澳國家。在死亡率方面，台灣高於新加坡與南韓，卻低於歐美國家及日本。

表3.2 主要國家人口出生率與死亡率

單位：‰

國別	人口自然增加率			粗出生率			粗死亡率		
	1996	2000	2005	1996	2000	2005	1996	2000	2005
中華民國	9.5	8.1	2.9	15.2	13.8	9.1	5.7	5.7	6.1
新 加 坡	10.5	9.2	5.7	15.2	13.7	10.0	4.7	4.5	4.3
日 本	2.5	1.8	-0.2	9.7	9.5	8.4	7.2	7.7	8.6
南 韓	10.0	8.2	4.0	15.3	13.4	9.0	5.3	5.2	5.0
中國大陸	10.4	7.6	5.9	17.0	14.0	12.4	6.6	6.5	6.5
美 國	5.8	5.9	5.8	14.4	14.4	14.0	8.6	8.5	8.2
加 拿 大	5.2	3.5	3.4	12.3	10.6	10.6	7.2	7.1	7.2
英 國	1.6	1.2	2.3	12.6	11.5	12.0	10.9	10.3	9.7
德 國	-1.1	-2.0	-1.8	9.7	9.3	8.3	10.8	10.1	10.1
法 國	3.7	4.4	4.3	12.8	13.3	12.9	9.1	8.9	8.6
澳大利亞	6.8	6.3	5.4	13.9	13.0	12.8	7.0	6.7	7.4
紐 西 蘭	7.8	7.8	7.5	15.3	14.7	14.1	7.6	6.9	6.6

資料來源：內政部統計資訊服務網www.moi.gov.tw/stat/, 內政國際指標，2007
年12月。

　　由上述出生率與死亡率的走勢資料研判，台灣人口轉型第二
階段約發生在1921年，第三階段開始的年份約在1960年。1921年
起，台灣的人口死亡率就呈穩定下降走勢，但人口出生率在1960
年之前，仍維持在原先的高水準，大部年份在40‰以上，1921年
到1960年之間可稱為台灣人口轉型處於第二階段之時期。1960年
之後，人口出生率卻呈穩定緩慢下降；進入21世紀，仍繼續下降。
2006年降到9‰的新低水準，此水準仍高於死亡率的6‰。按人口
轉型的階段劃分，第三階段結束年份的嚴格落點應在於出生率約
等於死亡率之時，然而在台灣人口轉型上，死亡率一直低於出生

率，似說明第三階段於進入21世紀初仍未結束。依此判定似過於嚴格，我們改以死亡率自最低點開始上升而越過5‰為依據，第三階段的結束年份約在於1987年，是年出生率為16‰，而死亡率為4.9‰。

　　台灣人口的轉型，從1921年到1987年，轉型約經過70年的時間，與歐美國家以200年的時間來轉型，台灣轉型所需期間過於短促；即使將第三階段結束的時間延至2019年 [4]，台灣人口轉型所需的時間比歐美國家足足減半，轉型還是短促。轉型所需時間過短所引發的問題，不但在人口數量與結構上產生大而嚴重的衝擊，而且人民在生活調適上也是一大問題。在這轉型期間，台灣人口快速增加，人口密度之高，在世界上只低於孟加拉與新加坡，人口對土地與環境造成強大的負擔。短促時間的轉型，在結構上所形成的衝擊也是很大，尤其是在年齡層組合的變化上。在高出生率與低死亡率的延續下，1976年的人口結構，15歲以下幼齡人口的比例高達35%，65歲以上高齡人口僅在3%。在出生率持續下降與國人生命餘命的延長，2006年15歲以下幼齡人口的比例反而下降到18%，65歲以上高齡人口卻快速提高到10%。依經建會人口中推估，到2016年15歲以下幼齡人口的比例降到13%，而65歲以上高齡人口更提高到13%。換言之，台灣已進入高齡化的社會，同時並存著少子化的問題。高齡化與少子化在人口結構的變動上，是重要的議題，我們會在後續的章節中分別論述。

---

4 依經建會2006年所作的人口中推估，2019年在人口變動上會產生反轉，死亡率會大於出生率，人口的變動變為負的，此年可謂為最嚴格定義的人口轉型第三階段的結束年份。

三、人口國際遷徙

　　人口的增加，除主要來自於自然增加外，遷徙也為人口變動的另一種途徑。正如前述，近代台灣發生人口大遷徙者有二，一為清朝甲午戰爭失敗而將台灣割讓給日本，因而自1895年日本統治台灣後，日人就大量遷入台灣。1896年台灣有日人10,584人，1905年有59,618人。這些人大多為遷入者，到1943年台灣的日人高達397,050人。而自1905年到1943年間日人淨遷入者有161,240人；然而所遷入的與在台灣所出生的日人，都於二戰結束台灣光復而全數搬遷出，對19世紀後半世紀的台灣人口規模與變遷實際上沒什麼影響；會產生重大影響者，為台灣光復後來台接收的官兵，與1949年隨政府播遷來台的官兵與平民。遷入者人數並不詳實，根據學者研究推估，人數在100萬人到130萬人之間（見張清溪、戴伯芬，1990）。

　　基本上，台灣人口是屬於封閉型的變動型態，也就是說，即使存有國際遷徙，但對人口規模起不了什麼作用，其影響是微乎其微。台灣的人口政策，在移民遷徙上是採取「遷出從寬，遷入從嚴」之原則。從戶籍之國際遷徙來看（如圖3.5），在1997年戶籍法修正前後[5]，國際遷出入的人數有異常增加現象，但就觀察期間遷出入人數的比較上，在1996年之前，大都年份遷出者多於遷入者，也就是說：台灣在1996年之前，為一個國際人口淨遷出者。

[5]　1997年戶籍法修正時，規定國人出國二年以上而未回者，戶政單位代辦遷出；回國後再依通知辦理遷入登記。如此一來，或可增加國際遷出入之人數。

1969年到2006年累積的淨遷出人數為131,087人，占2006年台灣地區總人口的比例為0.57%，比例甚低；若只累積1969年到1996年的淨遷出，人數達228,910人。國人移居國外者，以美國、加拿大、澳洲及紐西蘭等國為主。

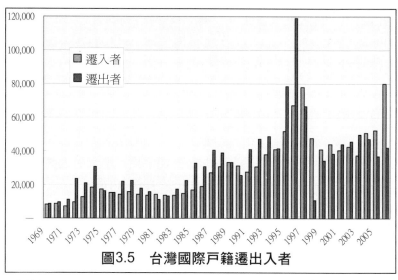

圖3.5　台灣國際戶籍遷出入者

資料來源：內政部戶政司全球資訊網www.ris.gov.tw/, 統計資料，戶籍人口歷年統計表，2007年12月。

　　1992年起，政府開放大陸配偶來台居留及異國聯姻的增加，戶籍資料上國際遷徙者從1997年起台灣竟成為國際人口淨遷入者。1997年到2006年所累積的淨遷入者有97,823人。歸化國人者，以往每年甚少越過200人，但從1997年起人數卻大幅增加，其中尤以國人之配偶中為女性者所占比例高達90%以上（見表3.3）。

表3.3　歸化取得國籍者

單位：人，%

	歸化 （1）	為女配偶者 （2）	（3）=（2）/（1）
1991	130	25	19.23
1992	86	25	29.07
1993	127	37	29.13
1994	137	83	60.58
1995	129	78	60.47
1996	318	252	79.25
1997	2,243	2,191	97.68
1998	3,684	3,617	98.18
1999	4,627	4,537	98.05
2000	5,198	5,113	98.36
2001	2,204	1,995	90.52
2002	1,533	1,245	81.21
2003	1,465	1,340	91.47
2004	6,552	6,371	97.24
2005	11,302	11,145	98.61
2006	11,973	11,823	98.75

資料來源：內政部統計資訊服務網www.ris.gov.tw/stat/，內政部統計年報，
　　　　　2007年12月。

　　因異國聯姻而遷入台灣居住者為台灣國際遷入的最大宗。依
內政部的資料，1987年到2007年間，外籍配偶歸化國籍者，有
60,726人；外僑居留者，有75,891人，兩者合計為136,617人。大
陸港澳地區配偶依旅行團（探親、團聚）而居留有114,270人，依
居留證而居留者有97,613人，依定居證而居留者有50,538人，三
者合計有262,421人。外籍與大陸港澳配偶遷入者有399,038人，
此數占台灣地區總人口的比例為1.75%，比例也算低。因聯姻而來
台居住者，遲早有一天會歸化為國人，他們與在台灣打工約30萬

人的外勞相比，在性質上有極大差異。兩者也許都投入勞動市場，但前者是台灣之子的母親，且可永久居住在台灣；後者絕無可能。

四、遊學與經商

與遷徙(移民)不同者，出國旅遊、留學與經商，國民只是暫時離開永久居住地區；一旦出國的理由消失，又會回來。他們的身分沒有改變，因而不會改變國民數量的規模，但卻存在潛在遷移的可能。

世界已縮小為地球村，台灣當然也加深其全球化，國人進出國門已成普通現象。從圖3.6所示，國人出境人次，自1990年代以來，大致上每年呈穩定走高格局，由1992年四百餘萬人次增到2007年約900萬人次。以2007年出境人次計算，約占台灣總人口的四成，在國際比較中，台灣人口出境比例算是一個偏高的社會。

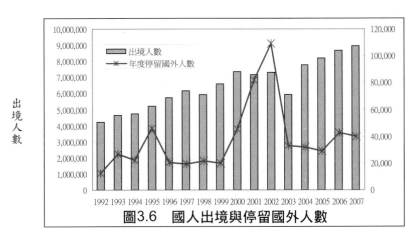

圖3.6　國人出境與停留國外人數

資料來源：內政部入出國及移民署全球資訊網，統計資料，
　　　　　www.immigration.gov.tw/，2007年12月。

出國旅遊,一定在短期內會回來;但出國留學與經商,就不見得在出境的年度內一定會回來,他們通常會停留在國外較長的一段時間。出國留學,待學位獲得後才有可能回國,如此一去,就是好多年。出國經商,尤其將生產基地設在海外的台商,直到經商停止或生產基地撤消,才會停止經商的出國。

1980年代後期,台灣製造業的中小企業主就面臨經營上的困境,就將勞動密集產品的生產基地遷移東南亞各國;兩岸經貿往來後,於1990年代,基於同文同種、地理優勢與成本低廉等因素,大陸投資反而成為台商的最愛。大陸已成為台商對外直接投資最多的地區,台商普遍在大陸,已是一件很明顯的事實。台商立足台灣,投資大陸,放眼世界,他們不斷經常出入國門,也常停留在所投資與經營的國度上,有時回台反而成為做客,只是休假或省親而已;他們待在台灣短暫,留在國外工作卻長久。

從國人入出境統計資料中得知,每年出境人次都多於入境人次,表示有些人長期待在國外,這些人有些是留學生,但更多的是台商。自1992年起,每年至少有2萬人出境後停留在國外,而2000年到2002年的經濟不景氣時期,停留在國外的人數呈快速增加,這三年分別為4.5萬人、8.1萬人與10.9萬人。從1992年到2007年,累積六十多萬人停留在國外。這些人雖是中華民國的國民,然而他們的工作卻在境外,其中尤以大陸為大宗,入出境統計資料上所出現的六十餘萬人,是個保守數字,實際上在境外工作的台商何止百萬人!他們的工作貢獻計入國民生產毛額;因他們不在國境內工作,所以不能計入國內生產毛額。

五、台灣人口與台閩人口

中華民國有效統治的地區，除台灣澎湖外，還包括福建省的金門與馬祖地區。台灣地區的人口當然有別於台閩地區的人口，而後者是將金馬地區的人口一併計入。將金馬地區的人口考慮在內，不但在人口數量上增加了，也由於國民享有境內遷徙之自由，可使金馬地區的居民因就學與工作遷移來台，成為另一類的台灣遷入者。

金馬人口，與台灣地區相比，確實不多，1957年為5.8萬人，1972年增到7.8萬人。台灣在勞動密集產品的出口擴張策略下，有較多工作機會的提供，金馬的居民陸續來台謀職，使得當地人口在1972年後開始持續下降，1990年降達4.8萬人。1990年代前後，

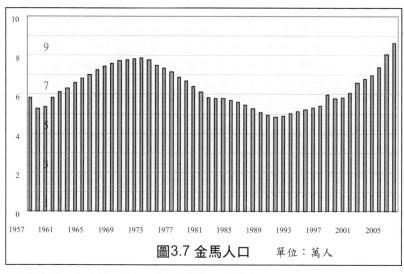

圖3.7 金馬人口　　單位：萬人

資料來源：內政部，《人口統計年報》，2006年。

表3.4 2007年底台灣各縣市人口與其比例

單位：平方公里，人，%

	土地面積	人口數	人口密度	人口比例
總計	36,188.0	22,958,360	634	100.00
台灣地區	36,006.2	22,866,867	635	99.60
台灣省	35,580.8	18,717,043	526	81.53
台北縣	2,052.6	3,798,015	1,850	16.54
宜蘭縣	2,143.6	460,398	215	2.01
桃園縣	1,221.0	1,934,968	1,585	8.43
新竹縣	1,427.5	495,821	347	2.16
苗栗縣	1,820.3	560,163	308	2.44
台中縣	2,051.5	1,550,896	756	6.76
彰化縣	1,074.4	1,314,354	1,223	5.72
南投縣	4,106.4	533,717	130	2.32
雲林縣	1,290.8	725,672	562	3.16
嘉義縣	1,901.7	551,345	290	2.40
台南縣	2,016.0	1,105,403	548	4.81
高雄縣	2,792.7	1,244,313	446	5.42
屏東縣	2,775.6	889,563	320	3.87
台東縣	3,515.3	233,660	66	1.02
花蓮縣	4,628.6	343,302	74	1.50
澎湖縣	126.9	92,390	728	0.40
基隆市	132.8	390,397	2,941	1.70
新竹市	104.2	399,035	3,831	1.74
台中市	163.4	1,055,898	6,461	4.60
嘉義市	60.0	273,075	4,549	1.19
台南市	175.6	764,658	4,353	3.33
台北市	271.8	2,629,269	9,674	11.45
高雄市	153.6	1,520,555	9,900	6.62
福建省	181.9	91,493	503	0.40
金門縣	153.1	81,547	533	0.36
連江縣	28.8	9,946	345	0.04

資料來源：內政部戶政司，《人口統計月報》，2008年1月。

因戰地政務的取消與地方自治的實施，人口轉為回流，到2006年人口達8.6萬人。1957年到2006年間，金馬地區的人口只增加48%，與台閩人口增加134.67%相比，顯然是因遷移來台而產生增加率相對較小。金馬地區相對台灣而言，並無大城市，較為鄉下，故而在封閉體系中人口自然增加率不會低於台灣。依台閩人口增加率推估，金馬地區的人口至少可達13.7萬人，比現有的人口多出5.1萬人，這些人就居留在台灣。

六、2007年人口的縣市分布

2007年，台閩地區總人口為2,295.8萬人，其中台灣地區所占比例就高達99.6%，金馬地區只有0.4%而已。人口的分布，除集中在兩個直轄市(台北市與高雄市)與五個省轄市(基隆市、新竹市、台中市、嘉義市與台南市)外，也集中於台北縣、桃園縣與彰化縣，這些地區的縣市每平方公里人口密集度在千人以上；而屬於鄉村的縣，如台東縣、花蓮縣的人口密度不及百人，南投縣也只不過130人而已。台灣人口的地理分布，人口集中於都市地區，城鄉的人口密度差異頗大。

第三節　台灣人口結構變動

百年來，台灣人口增加至少6倍，而在增加的過程中，死亡率與出生率相繼從高水準轉向低水準，人口規模的變大，自然地也會發生人口結構上的變動。於此，我們分別審視性別、年齡的結構變化，同時也分析人口城鄉的分布結構與從教育程度上看國民素質的變化。

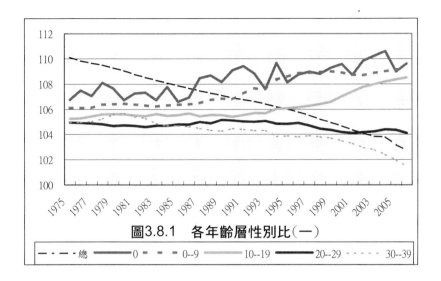

圖3.8.1 各年齡層性別比（一）

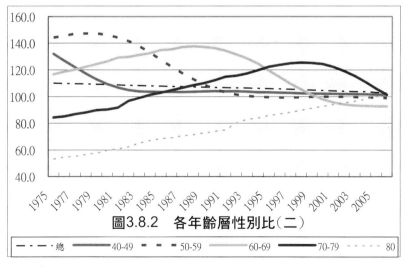

圖3.8.2 各年齡層性別比（二）

資料來源：同表3.3

一、性別比

一般而言，出生的嬰兒中，女男性別比為1比1.07；另由於男女的生命餘命也會有差異，通常後者較前者多活2年到5年不等。如此說來，在一個人口封閉的社會，若無大量外來遷入人口，性別比會在105上下，且隨年齡增長而下降。

日據時期，台灣人的女男性別比，1905年為111.28，1915年為107.19，1925年為104.48，1935年為103.39，1943年為102.72(見陳紹馨，頁170)。日據台灣之初，男性人口雖比女性多出一成，但已脫離邊疆社會以青壯男性人口為主的特性。同時社會上對殺棄女嬰之不良風氣也大為降低，使得性別比降在合理的範圍內。日據台灣，性別比呈現一路走低之勢，這與女性生命餘命較長有關。

國民政府來台後，台灣地區人口的性別比先升後降，由1956年的104.37上升到1971年的111.17，之後一路下降。1991年為106.77，2006年為102.7。由此可見，自1970年代以來，台灣人口在性別比隨之趨小。

1970年代以來，台灣人口的性別雖在總人口上觀察是趨小，但在不同年齡層中仍存著較大差異，我們以十歲為一分組而分析比較之(見圖3.8)。由於總人口性別比曲線呈下降走勢，因而0歲、0-9歲、10-19歲與20-29歲之性別比曲線超過總人口者，分別在1987年、1991年、1995年與2002年。30-39歲者都在總曲線的下方。40-49歲、50-59歲與60-69歲的性別比曲線與上述者完全不同，反而由上向下穿過總人口曲線，穿越發生的年份分別在1981年、1990年與1999年。70-79歲之性別比曲線持續上揚，於1986年越過總人口性別比曲線，1998年達125.5之最高值之後，就開始快速下

降，2006年低於總人口之性別比。至於80歲以上人口之性別比曲線，都呈上揚走勢，由1975年的53.1持續增到2006年的100.9，但都在總人口性別比曲線的下方。

　　0歲、0-9歲、10-19歲之性別比，在越過總人口性別比曲線後，反而呈現上揚走勢，也就是說在這些年齡層中，男性比例有增加傾向。即使如此，性別比的值皆未越過110。其中0歲的曲線高過0-9歲之曲線，而0-9歲之曲線又高過10-19歲之曲線。

　　年齡層性別比的最大差異處是在40歲以上的各年齡層之比較，它們之間的差異變化起伏較大。1975年，40-49歲年齡層的性別比由131.9開始快速下落時，其他高年齡層的性別比皆呈一路走揚格局；50-59歲的性別比由144.2升到1979年的最高值147.2後，就開始下降，其餘高年齡層的性別比曲線仍持續上升中。60-69歲性別比由116.7向上爬升，在1985年越過下降的次低年齡層性別比後，1988年達最高值137.6；70-79歲者由84.3開始爬升，在1995年越過下降的次低年齡層性別比後，1998年達最高值125.5。各年齡層性別比曲線的變化，像是一波波推進的浪，低年齡層的峰頭漸次由高年齡層所替代，但波浪的高度一波低於一波。之所以在40歲以上各年齡層中會發生性別比如巨浪般波動的現象，而與其他國家迥異者，最主要的因素為政府播遷來台時所遷入的人口，這些人口以男性為主，尤其是軍隊的官兵。愈高的年齡層，其性別比的值愈低，這是人口組合中固有的特性，女性的生命餘命較男性長。社會中雖有不少鰥夫，但與之相比，寡婦更多。

二、年齡結構

　　當人口規模持續增長時，人口的年齡結構也在變化中。人口

爆炸之所以產生，就是出生率與死亡率之間的差異擴大，尤其是嬰兒死亡率的下降，使之傾向於年幼人口的擴張，比重漸次提高，因而影響人口的年齡結構。

當1921年台灣人口轉型進入第二階段時，出生率一直維持在原先的高水準，而死亡率漸次下降，因而新生的嬰兒逐年增加，年幼人口所占比例就開始上升，由1905年的36.37%升到1940年的44.14%。由於老年人口比例只是溫和上升，所占比例皆在3%以內；但年幼人口比例的上升，反而使得青壯人口的比例大幅下降，由61.23%降到53.11%，所呈現出的結果為青壯人口比例下降的份額大都由年幼人口所吸收，青壯人口的年幼扶養負擔因此加重，年幼扶養率由59.4%升到83.11%。

國民政府遷台後，台灣人口的年齡結構頓時發生結構性的變化，青壯人口增加了。1960年之前台灣人口轉型仍處於第二階段時，新生的嬰兒逐年增加，使得年幼人口的比例逐步提高，由1949年的41.11%升到1961年的45.85%；在此期間，由於老年人口比例未曾出現變化，保持在2.5%上下，致使年幼人口比例上升所需的份額完全由青壯人口比例的下降來補充，其比例由56.4%降到51.66%，低於日據時期的最低點。而年幼扶養率也攀升到最高點88.75%。

人口轉型進入第三階段時，出生率開始降低，而死亡率仍繼續下降。當出生率呈現持續走低格局時，新生嬰兒會逐年減少，使得年幼人口所占比例也呈滑落局面，從表3.5所示，比例由1961年的45.85%快速降到1981年的31.63%，到2006年為18.12%，年幼人口不及總人口的二成。

台灣地區人口死亡率的持續下降，到1970年後已低於5‰，

表3.5　人口年齡三階段結構比

單位：%

	年齡三階段結構比			扶養比			高齡化指數
	年幼(0-14歲)	青壯(15-64歲)	老年(65歲以上)	年幼	老年	合計	
1905	36.37	61.23	2.40	59.40	3.92	63.32	6.60
1915	39.63	57.86	2.51	68.49	4.34	72.83	6.34
1920	39.90	57.57	2.53	69.31	4.39	73.70	6.33
1925	39.74	57.63	2.63	68.96	4.56	73.52	6.61
1930	40.94	56.58	2.48	72.36	4.38	76.74	6.05
1935	42.77	54.67	2.56	78.23	4.68	82.91	5.98
1940	44.14	53.11	2.75	83.11	5.18	88.29	6.23
1949	41.11	56.40	2.50	72.89	4.43	77.32	6.07
1951	42.09	55.45	2.46	75.90	4.43	80.33	5.84
1956	43.90	53.66	2.44	81.82	4.55	86.37	5.56
1961	45.85	51.66	2.49	88.75	4.83	93.58	5.44
1966	43.96	53.33	2.71	82.43	5.09	87.52	6.17
1971	38.71	58.26	3.03	66.45	5.20	71.65	7.82
1976	34.71	61.65	3.64	56.30	5.90	62.20	10.49
1981	31.63	63.96	4.41	49.45	6.90	56.35	13.95
1986	29.01	65.71	5.28	44.14	8.04	52.18	18.21
1991	26.34	67.13	6.53	39.23	9.73	48.96	24.79
1996	23.15	68.99	7.86	33.55	11.39	44.94	33.95
2001	20.81	70.39	8.81	29.56	12.51	42.07	42.33
2006	18.12	71.88	10.00	25.21	13.91	39.12	55.17

資料來源：1905年到1940年的資料取自陳紹馨（1979），頁146，依據該頁表的
　　　　　資料再依年齡分組別加總而得；1940年以後的資料取自內政部所編
　　　　　之內部年報。

並自此時起長期停留在如此低的水準裡。人民的生命餘命不斷地
增長，1951年男性為53.1歲，女性為57.3歲；1961年分別為67.19
歲與72.08歲，到1995年分別為71.85歲與77.74歲，因而社會中老

年人口就持續增加，比例也在提高。從表3.6所示，1971年之前，老年人口比例都未越過3%；當越過3%之後，比例就快速攀升，1996年已越過世界衛生組織（WHO）所界定的邁入高齡化社會的7%水準，2006年更升高到10%。相信不久的將來，台灣老年人口比例會攀升到30%以上。依現在人口年齡三階段結構比所示，台灣已進入高齡化的社會。

表3.6　扶養人口比例之國際比較

單位：%

國　別	年幼人口比例			老年人口比例		
	1996	2000	2005	1996	2000	2005
中華民國	23.1	21.1	18.7	7.9	8.6	9.7
新加坡	22.6	20.8	19.9	6.4	6.8	8.2
日　本	15.6	14.6	13.7	15.1	17.3	20.0
南　韓	22.9	21.1	19.2	6.1	7.2	9.1
中國大陸	26.7	25.3	21.4	6.3	6.9	7.6
美　國	21.8	21.4	20.6	12.7	12.4	12.4
加拿大	20.2	19.2	17.9	12.2	12.7	13.2
英　國	19.3	19.0	17.7	15.7	15.6	15.8
德　國	16.1	15.6	14.1	15.6	16.4	19.3
法　國	19.6	19.1	18.6	15.1	15.8	16.2
澳大利亞	21.5	20.9	19.6	12.2	12.4	13.1
紐西蘭	23.0	22.8	21.3	11.5	11.7	12.3

資料來源：內部統計資訊服務網，內部國際指標，網址：www.moi.gov.tw/stat/，2008年，8月3日。

人口年齡結構的國際比較，在近10年裡，台灣年幼人口比例雖高於歐洲國家，但所占比例卻是一個較快速下降的指標；老年

人口比例雖低於歐美國家及澳、紐，但速度卻上升的較快。從表
3.6中得知，少子化與高齡化並存較嚴重的國家為日本，2005年日
本年幼人口比例為13.7%，台灣為18.7%；日本老年人口比例為
20%，台灣為9.7%；不久的將來，台灣人口結構也會類似於目前
的日本。

圖3.9-1　1936年

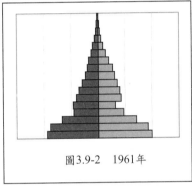

圖3.9-2　1961年

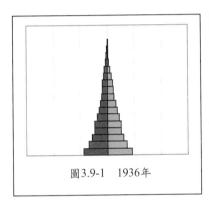

圖3.9-3　1986年

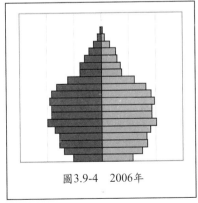

圖3.9-4　2006年

圖3.9　台灣人口金字塔(按五歲分)

　　人口性別年齡層(五年爲一齡層)組合的結構變遷,常以人口
金字塔的圖式爲之,我們選取1936年、1961年、1986年與2006年
作比較,這些年的人口數分別爲521.2萬人、1,114.9萬人、1,950.9
萬人與2,287.7萬人。人口變遷的過程,發生人口爆炸,也產生人
口年齡組合間比例的大幅起落。

　　1936年台灣人口性別年齡層結構爲正三角型。經歷25年後
(到1961年),人口倍增,但年齡層間的結構並未發生變化,仍爲
正三角型;再經25年(到1986年),人口增加75%之同時,年齡層
間的結構卻起了變化,型態變爲寶塔型;再經20年(到2006年),
人口增加減緩,只增加17%,顯示台灣已邁入高齡化與少子化時
期,致年齡層人口結構向菱性發展,現爲梨性。

三、人口分布與都市化

　　一國經濟發展的過程,也會出現人口居住由鄉村移向都市之
分布過程。歐美國家在經濟發展過程中,都呈現都市化現象。台
灣經濟發展,在工業化的腳步上,比歐美國家來得晚,於1966年
製造業產值才越過農業產值;然而在都市化的速度與規模上卻不
見得低於歐美已工業化國家。爲因應都市用地與新市鎮的發展,
政府有所謂的都市計畫用地之規劃。台灣都市計畫區域內的人
口,由1974年906.3萬人增到2006年的1,789.37萬人,所占總人口
的比例也持續上升,但以遞減方式來上升(見圖3.10),由57.2%
升到78.5%;而都市計畫區域的面積也從1,900.23平方公里增到
4,507.69平方公里,面積增加1.37倍,所占總面積的比例由5.3%
升到12.5%。台灣人口居住在都市地區的比例,在1970年代就越
過半數,21世紀初的比例更接近八成,比例並不低於歐美的工業

化國家。台灣可謂是一個都市化蠻深的地區。

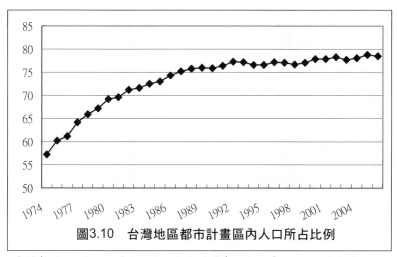

圖3.10　台灣地區都市計畫區內人口所占比例

資料來源：行政院經建會住宅及都市發展處編印，《都市及區域發展統計
彙編》，2007年。

　　我們進一步從區域別來觀察都市土地與人口分布的情形。北
部區域的都市計畫面積由1983年的1,230.78平方公里增到2006年
的2,053.72平方公里，所占北部區域面積的比例也由16.8%上升到
27.9%；在2006年居住在都市計畫內的人口有884.49萬人，所占比
例高達88.1%。同一期間，中部區域的都市計畫面積由887.82平方
公里增到916.7平方公里，面積比例由8.4%升到8.7%；而居住的
人口有371.91萬人，人口比例達64.9%。另外南部區域的都市計畫
面積則由1,135.67平方公里，增到1,325.99平方公里，面積比例由
11.4%升到13.3%；居住在都市計畫區域內的人口達493.94萬人，
比例高達76.7%。即東部區域的情形，都市計畫的面積由116.87
平方公里增到211.17平方公里，所占比例由1.4%升到2.6%；而居

住在都市計畫內的人口有39.02萬人，占區域人口的比例為
67.1%。在這四個區域的分類比較中，以北部區域的都市計畫面
積增加為最多，面積也最大，占區域內總面積的比例也最高，人
口密度也最密，居住在都市計畫區域內的人口比例也最高；其次
為南部區域，東部區域為最低。

表3.7　台灣地區都市計畫面積與人口

單位：平方公里，千人，人，%

年	都市計畫區數	都市計畫面積	面積比例	都市計畫區內人口	區內人口密度	區內人口比例
台灣地區						
1983	380	3,371.14	9.4	13,417.6	3,980	71.6
1994	441	4,401.50	12.2	16,188.4	3,679	76.6
2006	447	4,507.69	12.5	17,893.7	3,970	78.5
北部區域						
1983	103	1,230.78	16.8	6,407.3	5,206	85.2
1994	123	2,016.03	27.4	7,915.0	3,926	88.3
2006	126	2,053.72	27.9	8,844.9	4,307	88.1
中部區域						
1983	116	887.82	8.4	2,783.8	3,141	57.8
1994	121	942.71	9.0	3,340.0	3,543	62.4
2006	127	916.7	8.7	3,719.1	4,057	64.9
南部區域						
1983	130	1,135.67	11.4	3,881.1	3,418	67.4
1994	161	1,273.54	12.7	4,568.0	3,589	73.7
2006	157	1,325.99	13.3	4,939.4	3,725	76.7
東部區域						
1983	31	116.87	1.4	345.3	2,955	53.9
1994	36	169.22	2.1	365.4	2,159	59.6
2006	37	211.27	2.6	390.2	1,847	67.1

資料來源：行政院經建會住宅及都市發展處編印，《都市及區域發展統計彙
編》，2007年。

表3.8 全球主要地區與國家都市人口比例

單位：%

	1975	2003	年增率
全球	37.3	48.3	0.9
已開發地區	67.2	74.5	0.4
發展地區	26.9	42.1	1.6
非洲	25.3	38.7	1.5
亞洲	24.0	38.8	1.7
歐洲	66.0	73.0	0.4
拉丁美洲	61.2	76.8	0.8
北美洲	73.8	80.2	0.3
大洋洲	71.7	73.1	0.1
台灣	60.2	69.1	0.5
中國大陸	17.4	38.6	2.8
日本	56.8	65.4	0.5
南韓	48.0	80.3	1.8
英國	82.7	89.1	0.3
美國	73.7	80.1	0.3
加拿大	75.6	80.4	0.2
澳洲	85.9	92.0	0.2
紐西蘭	82.8	85.9	0.1

資料來源：行政院主計處，2006年6月20日。

　　另一種對都市化人口分布的分析，係以都市人口比例來檢視一國都市人口集中的程度。台灣對都市人口的定義，係指在同一區域內，由一個或一個以上的中心都市為核心，連結與此中心都市，在社會、經濟上合為一體之市、鎮、鄉所共同組成的地區，且其區域內人口總數達30萬人以上者 [6]；而都市人口比例便為都市化程度。按此定義，台灣都市化程度由1975年的60.2%緩慢增到2003年的69.1%，以年增率所表示的速度，則低於全球與發展

---

6 此種定義為都會區的定義，為都市人口定義的一種。對都市人口定義，
　有時會採取居住人數、人口密度，或具備都會特性的服務與設施來定義。

地區的速度,但略高於已開發地區。台灣都市化程度低於歐、美、
澳地區及其他國家。在亞洲國家的比較上,高於日本,低於南韓;
而中國大陸都市化程度相對較低。

表3.9 台灣都會區人口概況

單位:萬人,%

	1990		2005		人口增減	
	數量	比例	數量	比例	數量	比例
總人口	2,040	100.00	2,277	100.00	237	100.00
都會區	1,363	66.81	1,580	69.39	216	91.14
大都會區	1,273	62.40	1,473	64.69	200	84.39
台北基隆	611	29.95	665	29.21	54	22.78
高雄	251	12.30	276	12.12	25	10.55
台中彰化	167	8.19	220	9.66	53	22.36
中壢桃園	135	6.62	187	8.21	52	21.94
台南	109	5.34	125	5.49	16	6.75
次都會區	91	4.46	107	4.70	16	6.75
新竹	56	2.75	69	3.03	14	5.91
嘉義	35	1.72	37	1.62	2	0.84

資料來源:同表3.8。

　　台灣都市人口的增加為遞減式的增加。都市人口比例不斷在
提升,因而人口數量當然也不斷在增加。1990年台灣總人口為
2,040萬人,其中居住在都會區者高達66.81%,而居住在五大都會
區者占六成以上的比例;2005年台灣總人口仍在增加,但居住在
都會區的人口不但沒有下降,反而又進一步增高,比率達到
69.39%,而居住在五大都會區的比例也提高到64.69%。從1990
年到2005年,台灣人口增加237萬人,其中都會區的人口增加216
萬人,比例高達91.14%。我們知道,都會區自然人口增加率低於

鄉村地區，台灣都會區之所以有如此高的人口增加，必然是來自
於人口遷入。國境內人口遷移是從鄉村移往城鎮，台灣由於都市
化程度相對較高，遷往都會區的人口增加率卻在減少。

　　比較台灣各都會區人口增加的情形，雖然台北都會區增加的
人口為最多，但中壢桃園與台中彰化都會區在絕對數量的增加上
不見得顯得遜色，人口也增加50萬人以上，反而呈現出最大幅度
的人口社會增長率。新竹都會區人口增加的幅度也高。而增加幅
度相對較慢者，為高雄與嘉義都會區。

四、人口素質：教育程度

　　我們對人口素質的分析，放在教育程度的指標上[7]。一國國
民受教育程度的高與普及，不但代表該國國民知識水準與科學基
礎的程度，也涉及國人視野的寬廣、勞工的技術水準與質量，同
時也可作為是否為知禮、行禮的社會。在人口結構上，國民教育
程度的高低，可算是重要的指標之一。

　　台灣地區國民的教育，在日據時期，國民基礎教育就已普及
了，1943年學齡兒童的就學率，男孩已達81%，女孩則有61%。
在那個時代，該比例算是高的。國民政府來台後，初等教育為義
務教育，使之更加普及；1968年政府將義務教育延長到九年，15
歲以下的國民需接受國中的教育。中等教育的學校已普及於各個
鄉鎮，同時加強高等教育，大專院校設立大幅增加。高等教育在

7　表達人口素質的指標，因目的不同可有不同的變數或項目，如談國民健
　　康的素質問題，若國民有好的健康，營養汲取夠，愛好運動，注重休閒，
　　生命餘命能夠長，同時臥床率為低；或談好公民的素質問題，便要遵守
　　交通規則，有文化，重倫理而好禮，需為一個高度法治的社會。

1956年只有17個院校，1966年增為69個院校，1976年就破百，有101個院校，1996年為137個院校。大專院校的廣設，以及各院校系所不斷的擴大招生，在少子化的今日，2006年新生招生時就產生考生總分18分就可入學的奇特現象。大專院校的廣設，已產生供大於求之現象。這種現象恐怕會愈來愈嚴重。

　　由於政府、社會以及家長對教育的重視，台灣的初等與中等教育已相當普及，從表3.10所示，初等教育的淨在學率在1990年代初就已達到97%以上，而中等教育的淨在學率也在高水準的基礎上，持續向上攀升，由1990年的86.2%升到2006年的94.7%。大專院校的廣設與入學門檻的降低，普及率也快速攀升，淨與粗的在學率由1991年21%與32.4%快速升到2006年的59.8%與83.6% [8]。在台灣，接受高等教育，已是一件不太難的事。

表3.10　1990年以來台灣各級教育在學率概況

單位：%

年	1991	1996	2001	2006
淨在學率				
初等教育	98.7	99.0	98.2	97.1
中等教育	86.2	89.6	92.9	94.7
高等教育	21.0	29.1	42.5	59.8
粗在學率				
高等教育	32.4	40.9	63.0	83.6

資料來源：行政院主計處，《社會指標》，2006年。

　　台灣由於教育的普及，及國人在傳統觀念上對教育的重視，

---

8 淨在學率係指該級教育學齡學生數占該學齡人口之比例；而粗在學率則為該級教育學生數占該學齡人口之比例。

國人不識字的比例相當低，而不識字者大都爲高年齡的人士。在教育上所呈現的人口結構問題，台灣已脫離識字與否的社會，而是國人受教育多寡的深度問題。從表3.11所示，受高中教育以上的比例不斷在增加，以替代國中以下與不識字的比例。受高中教育者，由1997年的30.17%升到2007年的32.7%；大專者提升的更多，由15.69%升到30.54%；研究所者也由0.69%升到3.81%。從教育程度上看國人的人口素質結構，其發展是向高素質前進的。然而，在教育程度上，男女不一致的現象快速改善，受高等教育者，男性稍多於女性，但有日趨縮小之走向。

表3.11　15歲以上人口教育程度

單位：%

	識		字				不識字
	合計	研究所	大專	高中（職）	國中（職）	國小與自修	
1997	94.66	0.69	15.69	30.17	24.35	23.76	5.34
男	98.09	0.98	17.54	31.15	26.07	22.35	1.91
女	91.07	0.38	13.76	29.14	22.54	25.25	8.93
2007	97.63	3.81	30.54	32.70	14.46	16.12	2.37
男	99.40	4.92	30.96	34.33	15.53	13.65	0.60
女	95.85	2.70	30.12	31.06	13.37	18.61	4.15

資料來源：行政院主計處，《社會指標》，2007年。

第四章
台灣人口變遷與經濟成長

第一節　人口、勞動力與經濟成長

　　人口與經濟成長的關係，可分別從消費與工作兩方面切入分析。在消費方面，人口規模若變大，會增加消費支出，使市場擴大，因而從支出層面所表示的經濟活動，也會隨之擴大，經濟因而成長。人口規模變大之過程，人口年齡組成跟著變化，若因出生率高而導致幼年人口增加，消費支出的增加會以幼年人口消費的產品為主，而使生產幼年消費產品的產業得到較快速度的發展；若出生率下降，同時人口年齡邁入高齡化，高齡化社會的產品消費結構是不同於年幼人口的消費結構。年幼人口的消費，以教育為主；而高齡化社會的消費，以醫療為主。質言之，人口年齡組合結構的變化對消費產品類別會有影響，進而影響產業結構。

一、就業人口對經濟成長的貢獻

　　一般論述人口與經濟成長的關係，主要以工作為主，內容在

人力運用的問題上。人無論是為了生活而工作，或是為了工作而
生活，從經濟活動的角度看，勞動都為主要的生產投入，不可或
缺。經濟活動的進行，須靠人力。人之所以成為人力，包括勞力、
勞心，與工作投入時間的長短及其效率。人活在世上，必需消費，
但不見得要工作，也許他的時間可用在休閒與讀書上。休閒可使
自己效用提高，教育會使自己工作能力增強，但從時間運用的觀
點，並沒有為生產而付出勞動，因而不能將之算為工作。經濟之
所以會成長，從人口的角度，可以說是來自人口的成長。人多可
生產出較多的產品；另外，人口的素質提升，也可生產出較多的
產品。所以經濟的成長，可從人口角度來分析成長來源。

　　一國經濟水準的高低，可以國內生產毛額來表示。國內生產
毛額（Y）為人均國內生產毛額（Y/L）與人口（L）的乘積。人口若為
就業人口，人均國內生產毛額便為勞動生產力，因而經濟成長約
等於勞動生產力的成長與就業人口的成長，即

$$\Delta Y / Y = \Delta (Y / L) / (Y / L) + \Delta L / L$$

　　依據上式，我們計算1952年到2006年就業人口的成長對經濟
成長之貢獻。在這55年期間，台灣經濟年均成長率為7.41%，其
中來自於就業人口成長為2.38%，來自於勞動生產力的提高為
4.91%，它們的貢獻度分別為32.12%與66.26%。台灣經濟之所以
有如此高的成長，其中約有三成一的部分是來自於就業人口成長
的貢獻，人口成長對經濟成長是重要的，貢獻度是顯赫的；而勞
動生產力的提升，除因投資而使工作者使用較多的資本外，人力
經由教育與工作累積而更加深化，使效率與生產力更加提升，人
口素質的改善為勞動生產力提升的重要因素。因而從人口面看經

濟成長，經濟成長與人口規模及人口素質的關係密不可分。

表4.1　台灣經濟成長來源分析

單位：%

	經濟成長率	就業人口成長率	勞動生產力成長率	貢獻程度	
				就業	勞動生產力
1952-1963	7.06	1.98	4.99	28.04	70.67
1963-1973	10.36	4.16	5.98	41.15	57.72
1973-1982	6.88	2.77	3.99	40.26	57.99
1982-1990	8.80	2.48	6.15	28.18	69.89
1990-1999	6.60	1.40	5.13	21.21	77.73
1999-2006	3.85	1.08	2.73	28.05	70.91
1952-2006	7.41	2.38	4.91	32.12	66.26

資料來源：行政院主計處的國民所得(2006)與人力運用調查統計報告(2007)。

　　整個55年的觀察期間，可進一步劃分為六個不同時期[1]（見表4.1），即：1952年到1963年之第一段時期，為進口替代時期；1963年到1973年之第二段時期，為出口擴張時期；1973年到1982年之第三時期，為基礎設施建設時期；1982年到1990年之第四時期，為經濟自由化推動時期；1990年到1999年之第五時期，為高科技產業出口擴張時期；1999年到2006年之第六時期，為全球化來臨時期，也就是民進黨執政時期。

　　各期之間經濟成長存有較大的差異。第二時期經濟在出口擴張時的成效大於進口替代時期，第三時期因石油危機而產生經濟

1　各期的年限不宜有太大的差異，約在10年上下，約在8年到12年之間。期間的劃分不是相當嚴謹，略嫌武斷，劃分的目的只是利於階段性的分析。

停滯與通膨並存現象,第四時期台灣經濟又恢復如第二時期的出口蓬勃發展。由於經過40年的發展,成果輝煌,堪稱「經濟奇蹟」。發展的結果,使台灣進入已開發國家之林,不再享有高成長。在民進黨執政時期,台灣經濟由「亞洲四條龍之首」掉到「亞洲四條龍之末」。經濟成效不彰的因素頗多,其中最重要者為,當全球化經濟時代來臨時,中國已成世界工廠與世界消費市場,執政當局在台獨意識形態下,無法改善「兩岸關係」,使得全球的連結,少了經由中國連結的部分。

第一時期經濟年均成長率為7.06%,就業的年均成長率為1.98%,勞動生產力為4.99%。第二時期的經濟、就業與勞動生產力的年均成長率分別為10.36%、4.16%與5.98%,第二時期各變數的成長率皆較第一時期為高。台灣的經濟發展路徑,第一時期以國內市場為主,第二時期改為以國外市場為主,因而發展策略需作一番調整,1958年進行外匯與貿易改革,1959年實施19點財經改革,1960年公布獎勵投資條例,1965年成立加工出口區,全力發展勞動密集式產品的生產出口。台灣產品在國際分工的體系下,具有競爭優勢,勞動密集式產業的發展,不但創造許多的就業機會,也大量吸收農業或農村所釋放出的非技術勞工,使社會達到充分就業的水準。第二時期的就業年均成長率(4.16%)為第一時期(1.98%)的倍數,高出的就業人口成長率解釋了第二時期超高經濟成長率的66%;也因如此,使就業與勞動生產力對經濟成長的貢獻,大幅增長,前者的貢獻由28.04%提升到40.15%,後者的貢獻反而由70.67%降到57.72%。就業對經濟成長貢獻的提高,並不是勞動生產力的下降,而是在勞動密集式生產為發展重心下,大量吸收勞動所產生的就業效果。

　　台灣人口的粗出生率，於1960年低於40‰後，就呈長期下降
走勢(見第三章)，人口增長率的趨緩，使社會就業人口的增加也
趨緩，經濟成長的就業效果自然就會下降。第三時期的就業人口
年均成長率為2.77%，第四時期則微降到2.48%，第五時期更大幅
下降為1.40%，第六時期由於經濟衰退，失業率偏高，就業人口
的年均成長率為六期中最低的一期，為1.08%。

　　至於在勞動生產力方面，就不像就業效果般從第二時期達高
點後就開始下滑。前面的四個時期，因所處的經濟情勢不同，勞
動生產力的成長率互有高低。第二時期出口擴張的蓬勃發展，使
得勞動生產力的年均增長率(5.98%)高過第一時期(4.99%)；第三
時期面臨石油危機，經濟呈現停滯性通膨現象，勞動生產力的增
長率(3.99%)反而慢了下來；第四時期，出口順暢，貿易呈現大
幅順差，國內也掀起經濟自由化運動，對產業管制的逐步解除，
與投資的快速增加，使得這時期的勞動生產力的增長率(6.15%)
成為各期之冠。第五時期勞動生產力的增長仍保持在較高的水準
(5.13%)。第六時期因投資大幅下降，勞動生產力的增長率
(2.73%)反而在各期中變為最低者。勞動生產力的增長率為何在
各期中會有高高低低？因為影響勞動生產力的因素很多，如投
資、人口素質、教育、在職訓練、人口就業的產業結構、工時、
資源運用效率等都會影響，而這些影響勞動生產力的變數的變化
在時間上不是呈現一致性的變動，因而勞動生產力的增長走勢就
無趨勢可言。由於勞動生產力的增長率在各時期裡會有高低的現
象發生，致使就業與勞動生產力對經濟成長的貢獻就會發生變
化，高的勞動生產力會使就業效果的貢獻度下降。勞動生產力對
經濟成長的貢獻度，除在第二時期與第三時期在60%以下者外，

其餘都約在70%。

二、就業人口成長的來源

　　五十餘年來，台灣就業人口的增長對經濟成長的貢獻至少有三成。就業人口的成長來自於總人口的成長與其相關的變遷。一個人是否要參與勞動，有各種不同的定義。首先須在總人口中將15歲以下的年幼人口排除在勞動之外。15歲以上的人口中，扣除現役軍人與監管人口之後，便為民間人口。民間人口又分為勞動力人口與非勞動力人口二類，勞動力係指年齡在15歲以上，有工作能力，且願意工作而正在找工作者，或已在工作者，因而勞動力包括就業人口與失業人口。至於非勞動力者，他們可能因沒有工作能力，如衰老或殘障等，或因沒有工作意願，或有意願工作但沒有找工作。非勞動力人口包括求學者(學生)、操持家務者、身心疾病者、退休者、遊手好閒者等。另外，就業因身分的不同，可分為雇主、自營作業者、無酬家屬工作者與受雇者。

　　從上述定義中得知，總人口(POP)等於年幼人口，加青壯人口，再加老年人口。青壯與老年人口等於民間人口(LPOP)，加現役軍人與監管人口；民間人口等於勞動力(LF)與非勞動力人口，就業人口(L)與失業人口的加總就是勞動力。復次，民間人口率為民間人口除以總人口，勞動參與率為勞動力除以民間人口，就業率為就業人口除以勞動力人口。因而，就業人口與總人口的關係就可表示如下：

$$L = \frac{L}{LF} \frac{LF}{LPOP} \frac{LPOP}{POP} POP$$

上述就業人口等於就業率乘上勞動參與率，再乘上民間人口

率，再乘上總人口。因而就業人口成長率約可分解爲就業率、勞
動參與率、民間人口率與總人口的成長率，其式子爲：

$$\frac{\Delta L}{L} = \frac{\Delta(L/LF)}{(L/LF)} + \frac{\Delta(LF/LPOP)}{(LF/LPOP)} + \frac{\Delta(LPOP/POP)}{LPOP/POP} + \frac{\Delta POP}{POP}$$

　　依據上述，我們計算就業人口成長的來源，如表4.2所示。台
灣就業人口，由1952年286.1萬人持續增到2006年1,011.1萬人，增
加2.53倍，高於總人口增加的倍數。台灣總人口由858.5萬人增到
2,273.8萬人，增加1.65倍。就業人口增加的倍數爲何大於總人口
增加的倍數，其中大部分因素係因人口結構變遷所導致，尤其是
因年齡組成的結構變遷與勞動參與率及就業率的變化。台灣的就
業，在以擴大創造就業機會的經濟發展模式來發展時，就業率由
1952年93.47%持續攀升到1990年98.34%，1970年代到1990年代前
期台灣享有充分就業的美好時光；21世紀初，台灣在面臨經濟全
球化與台商生產基地外移的雙重衝擊下，不再享有充分就業的榮
景，就業率已爲政府施政時的重要目標之一，2006年就業率降爲
96.09%。

　　基本上，台灣勞動參與率是呈長期滑落格局，由1952年的
66.41%降到2006年的57.92%。勞動參與率的下降，與教育普及、
教育年限延長、所得水準提高後對休閒重視，及生命餘命延長而
使老年人口增加等因素有關。然而，男性與女性勞動參與率卻發
生結構性的變化，尤其是男性勞動參與率的下降，導致整體參與
率的下降。民間人口率的變化，先從1952年53.69%降到1963年
51.13%後，就開始一路攀升，到2006年的79.89%。民間人口率如

「打勾」般的型態，實受幼年人口組成的影響，也就是受出生率的影響。

表4.2　台灣就業人口增長之來源分析

單位：千人，%

	就業人口	總人口	就業率	勞動參與率	民間人口率
1952	2,861	8,585	93.47	66.41	53.69
1963	3,549	12,211	93.64	60.70	51.13
1973	5,349	15,467	97.76	60.08	58.64
1982	6,811	18,293	97.87	57.93	65.67
1990	8,283	20,233	98.34	59.24	70.28
1999	9,385	21,957	97.07	57.94	76.00
2006	10,111	22,738	96.09	57.92	79.89
年平均增長率					
1952-1963	1.98	3.25	0.02	-0.81	-0.44
1963-1973	4.16	2.39	0.43	-0.09	1.38
1973-1982	2.77	1.88	0.02	-0.40	1.27
1982-1990	2.48	1.27	0.06	0.29	0.85
1990-1999	1.40	0.91	-0.14	-0.25	0.87
1999-2006	1.09	0.59	-0.14	0.00	0.72
1952-2006	2.38	1.82	0.05	-0.25	0.74
年平均增長率之貢獻度					
1952-1963		164.29	0.87	-40.84	-22.29
1963-1973		57.53	10.41	-2.08	33.19
1973-1982		67.91	0.58	-14.35	45.70
1982-1990		51.03	2.42	11.55	34.26
1990-1999		65.23	-10.25	-17.55	62.44
1999-2006		54.09	-13.07	-0.28	65.86
1952-2006		76.79	2.23	-10.35	31.20

資料來源：同表4.1。

　　1952年到2006年，就業人口的年均成長率爲2.38%，總人口的成長率爲1.82%，就業率的成長率爲0.05%，勞動參與率爲-0.25%，而民間人口率爲0.74%；它們對就業人口成長率的貢獻度，以總人口爲最高，達76.79%，其次爲民間人口率的31.20%，就業率的貢獻度只有2.23%，而勞動參與率的貢獻度爲負值，即-10.35%。就業人口之所以增長，一方面來自於人口的增加；另一方面因年齡組成結構的變化，使幼年人口比例減少而增加。

　　就業人口成長率的來源項目，在各時期中存有較大的差異。來源項中的總人口效果，是隨時期而遞減，由第一時期的3.25%穩定降到第六時期的0.59%。而民間人口率的效果，除第一時期爲-0.44%外，其餘各時期皆爲正值，第二時期躍升爲1.38%。之後各時期也呈遞減下降走勢，但降幅低於總人口效果。正因如此，民間人口率的效果對就業人口成長率的貢獻度反而呈遞增走勢，由第二時期的33.19%升到第六時期的65.86%。

　　第一時期的就業人口成長率(1.98%)爲何低於第二時期(4.16%)？從來源項分析得知，不是起因於總人口成長的低落。從表中得知，第一時期總人口成長率是各時期中最高者，達3.25%，反而高過就業人口的成長率。第一時期就業人口成長率低的因素，是來自於勞動參與率與民間人口率的下降，其年均成長率分別爲-0.81%與-0.44%，抵消總人口對就業人口成長的效果。這是第一時期與其他各時期最大差異之所在。有關各時期來源項目效果的貢獻度，請參閱表4.2。

三、勞動參與率

　　就整個時期觀察，勞動參與率對就業人口成長的貢獻效果並

不是那麼重要，貢獻度反而為 -10.35%。然而，勞動參與率的高低，對人力運用有極重要的作用；更何況，在觀察期間勞動參與率卻發生結構性的變化，尤其是男性與女性的走勢大相徑庭。

台灣勞動參與率是呈緩慢下降走勢，但在1950年代初期下降的幅度較大。由1952年的66.41%降到1956年的61.1%。之後下降幅度就變得緩慢，於1971年達57.06%。1970年代勞動參與率則呈現回升現象，但回升的速度也是緩慢的，於1987年達60.92%。到1990年代又呈下降局面，2006年降為57.92%。勞動參與率的波動，與當時經濟所處情勢有關，回升係因經濟繁榮所致，下降係因經濟不景氣而產生。

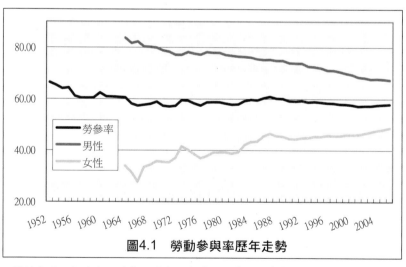

圖4.1　勞動參與率歷年走勢

資料來源：行政院主計處：歷年人力資源調查統計年報。

男性勞動參與率呈長期下降走勢，由1964年的83.72%持續降到2006年的67.35%，共下降16個百分點；然而，女性勞動參與率

的走勢卻與男性完全相反，呈長期上升走勢，由34.02%升到48.68%，共上升14個百分點。但女性勞動參與率的提高，不足以抵擋男性勞動參與率的下降，致整體勞動參與率呈現長期緩慢下降走勢。

　　台灣歷經五十餘年的經濟發展期間，人口年齡結構發生變化，國民也由貧窮變為富裕。在社會觀念方面，從父執輩注重工作與勤儉的生活態度，轉變為兒孫輩對工作與消費休閒同等重視的生活態度，從而影響勞動意願。男性各年齡層勞動參與率的變化，由1966年觀察起，每隔10年觀察一次，直到2006年止（表4.3所示），各年齡層的勞動參與率都下降。它們之間最大的差異只是在於降幅的不同。由於教育的普及與教育年限的延長，使得24歲以下的人口仍處於在學階段者大幅上升，因而這年齡層的勞動

表4.3　男性各年齡層勞動參與率

單位：%

年	1966	1976	1986	1996	2006
15-19歲	52.9	43.06	31.92	19.40	9.95
20-24歲	85.1	79.08	73.51	62.87	48.68
25-29歲	97.6	96.00	94.45	92.59	89.34
30-34歲	97.6	98.56	97.82	96.21	94.71
35-39歲	98.2	98.74	97.96	96.72	95.39
40-44歲	96.8	98.16	97.68	96.08	94.16
45-49歲	95.8	96.65	95.96	94.47	91.08
50-54歲	89.5	90.78	90.12	88.68	83.44
55-59歲	73.7	82.30	78.12	80.09	68.03
60-64歲	49.1	53.44	56.14	57.81	46.87
65歲以上	17.7	11.79	16.66	13.05	11.18
合　計	81.6	77.20	75.51	71.10	67.40

資料來源：行政院主計處，2007年人力資源調查統計年報。

參與率就大幅下降，15-19歲由1966年的52.9%持續降到2006年的10%，20-24歲由85.1%降到48.7%。25-49歲為青年時期，為勞動市場的主力，理應參與勞動工作，然而從表中發現，他們的勞動參與率也持續下降，25-29歲由1966年的97.6%下滑到2006年的89.34%；30-34歲也由97.6%降到94.71%，35-39歲由98.2%降到95.39%，40-44歲由96.8%降到94.16%，45-49歲也由95.8%降到91.08%。50歲以上的年齡層，不論是在壯年時期（50-54歲）、老壯年時期（55-59歲），或是年老時期（65歲以上），勞動參與率也是持續下降。三者在2006年分別為83.44%、68.03%與11.18%。

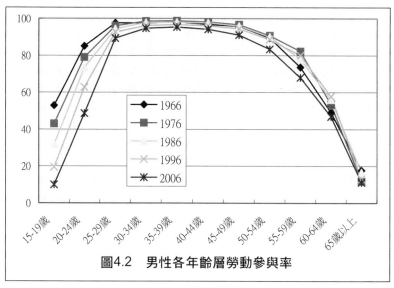

圖4.2　男性各年齡層勞動參與率

資料來源：同表4.3。

　　就觀察年份各年齡層之間的比較，男性勞動參與率隨年齡增加而快速提高，25歲以後提高速度變為緩慢，於35-39歲達最高的

勞動參與率,之後開始呈緩慢下降,55歲之後下降變為快速。由年齡層勞動參與率所構成的圖形為倒U字型(見圖4.2),此倒U字型的角度隨時間變得愈來愈窄,也就是說年代愈後者會被包含在原先的倒U字型之內。這說明年紀輕者,因就學而愈來愈遲進入勞動市場,而年紀大者則是追求有個較佳休閒生活,因退休而愈來愈早離開勞動市場。

　　女性各年齡層勞動參與率的走勢,與男性不同(見表4.3與表4.4)。15-19歲因教育普及教育年限延長之故,其走勢與男性同年齡者同,由1966年的52.3%快速降到2006年的9.58%,其餘各年齡層的走勢與男性完全不同,不是呈下降走勢,而是呈上升走勢:20-24歲由44.5%升到55.96%,25-29歲由28.2%持續升到79.85%,30-34歲由26.7%升到73.66%,35-39歲也由29%升到70.42%,40-44歲由28.5%升到66.81%,45-49歲由25.8%升到59.36%,50-54歲由18.2%升到46.39%,55-59歲由13.9%升到28.70%,60-64歲由4.3%升到17.13%,65歲以上由1%升到4%。女性各年齡層勞動參與率的上升,以25-34歲的年齡層上升的幅度為最大,上升超過50個百分點。由此顯示,女性人口的勞動參與,對經濟成長的貢獻超過男性,男性勞動參與率因為呈負的走勢,對經濟成長的貢獻肯定是負的,女性卻為正的。女性勞動參與率的上升,除因受教育程度的提高,使之更具有工作能力外,新婦女運動與追求經濟的獨立是重要的影響因素,我們社會中職業婦女愈來愈多。

　　至於每隔10年間的比較,我們會發現在各年齡層中發生結構性的變化。1966年與1976年都產生雙高峰的型態,即女性人口因結婚、育兒而離開勞動市場,促使低年齡層的高勞動參與率開始下滑,在30-34歲年齡層達最低水準。之後因孩子長大而需照顧

表4.4　女性各年齡層勞動參與率

單位：%

年	1966	1976	1986	1996	2006
15-19歲	52.3	46.80	35.16	18.00	9.58
20-24歲	44.5	54.27	64.93	60.82	55.96
25-29歲	28.6	35.68	53.88	66.46	79.85
30-34歲	26.7	33.55	52.22	60.04	73.66
35-39歲	29.0	38.85	55.98	60.18	70.42
40-44歲	28.5	39.28	54.38	59.62	66.81
45-49歲	25.8	37.45	48.68	53.45	59.36
50-54歲	18.2	27.67	39.69	41.78	46.39
55-59歲	13.9	19.95	30.04	30.89	28.70
60-64歲	4.3	8.38	17.59	21.03	17.13
65歲以上	1.0	1.41	3.89	3.98	4.04
合計	30.9	36.96	45.51	45.76	48.68

資料來源：行政院主計處，2007年人力資源調查統計年報。

時間減少，復又投入勞動市場，勞動參與率又開始爬升，1966年在35-39歲及1976年在40-44歲的勞動參與率又達另一高峰後，就呈下滑走勢。1986年因退出勞動市場的比例降低，致使35-39歲年齡層復出的現象也減緩，使得雙峰型態變得不顯著，倒是呈現微凹的倒U字型。1996年與2006年的型態卻與1966年與1976年完全不同。1996年變為微凸的倒U字型，2006年變為倒V字型。勞動參與率在年齡層之間起了結構性的變化。2006年，男性勞動參與率最高的年齡層落在35-39歲，而女性卻落在25-29歲。兩性之間最高勞動參與率的年齡約差10歲。女性年齡層勞動參與率結構性的變化，係與教育年限延長、家長對孩子是男是女的看待差異縮小、晚婚及少子化等因素有關。因而原本應發生在15-19歲為高勞動參與率的現象，就產生年齡層的遞延，而使原本為雙峰型態的

勞動參與率改變爲倒U字型，再改變爲倒V字型態。其曲線隨時間向外擴大，而不是如同男性般向內收縮。

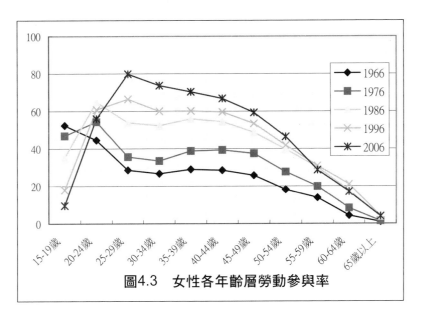

圖4.3　女性各年齡層勞動參與率

單位：％
資料來源：同表4.4。

　　以年齡來論工作的精華時段，通常發生在25歲到54歲之間。這在男性勞動參與率上可完全顯現。因其在各年齡層中都爲最高的勞動參與率，其參與率都在八成以上。然而，在女性方面卻隨時間的變化，愈來愈向男性傾斜，其型態與男性愈來愈相似。之所以會如此，除了上述已提的解釋原因，如新婦女運動、女性對經濟追求獨立、女性工作能力的提升，而在職場上不見得爲競爭的弱者外，另一個原因是高生活成本的壓力，夫妻倆都需負擔家

計，雙薪家庭在台灣社會中愈來愈普遍。

　　無論如何，女性的勞動參與率會受結婚與育兒因素的影響，孩子撫育的過程，媽媽的時間確實密集投入型態。由表4.5顯示，尚無子女的女性勞動參與率確實高於有子女的女性。至於子女的年齡對女性勞動參與的影響，表4.5顯示有未滿6歲子女者反而比子女均在6歲以上者高。這種現象的產生主要是受婦女年齡的影響。因年齡愈大，勞動參與率就愈低。而子女均在6歲以上之女性，其年齡相對是較大的。

表4.5　有子女之女性勞動參與率

單位：%

年	平均	子女均在6歲以上				有未滿6歲子女			有6歲以上子女	尚無子女
		小計	子女均在18歲以上	有6-17歲子女		小計	子女均在6歲以下			
					僅有6-14歲子女			子女均在3歲以下		
1987	43.74	43.18	30.45	54.18	-	42.95	40.85	-	46.55	56.75
1992	43.23	42.49	30.28	54.25	54.89	42.30	41.21	40.36	44.18	58.24
1997	46.98	45.48	32.04	60.94	60.81	48.16	47.02	45.92	50.14	62.42
2002	47.30	44.39	31.36	62.08	64.48	53.57	55.63	55.81	50.04	63.94
2007	49.57	45.90	32.79	66.07	68.27	61.18	61.11	59.25	61.34	70.09

資料來源：行政院主計處，《人力運用調查》，2007。

四、與人力運用有關的其他項目

　　人口對經濟成長的影響，既有量的效果，也有質的效果。在量的效果方面，就是落在就業人口數量的成長上；而質的效果，就是指勞動生產力的提升。就業人口的增減，為數量上的變化，然而與就業者有關的其他因素的變化，就無法從數量上顯示出

來，如就業者工作時間的變化、就業者教育年限的加長、就業者
有很好的工作經驗與工作經驗的累積、就業者工作能力的提升、
就業者工作時所擁有資本財的數量增加等。這些都會影響就業者
工作品質，進而使勞動生產力提升。由於受資料限制，我們只針
對就業者教育程度的比例、工時與未滿35小時而欲工作者之比例
進行分析，以瞭解人力運用的情形。

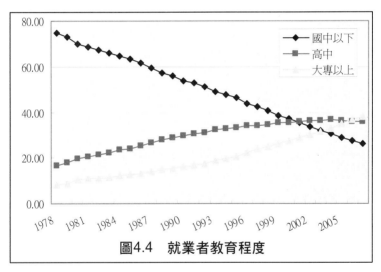

圖4.4 就業者教育程度

單位：%
資料來源：同圖4.1

　　台灣隨著教育普及與大專院校廣設的影響，學子能唸大專者
已成普遍現象，正因為國人受教育程度的提高，自然地就業者的
教育水準也跟著提高，此為體現在人力上的技術進步，而使勞動
生產力提高。從圖4.4所示，就業者教育程度在國中及以下所占比
例，由1978年的74.78%一路持續下滑到2007年的26.17%，共下滑

48個百分點,下滑的幅度算是大的。然而,就業者低學歷所占比例的下滑,全由高學歷者所代替,表示就業者所受的教育水準愈來愈高。就業者具有高中學歷的比例由1978年的16.71%持續攀升到2004年的36.7%後,就開始下滑,2007年為35.75%。大專學歷及以上的就業者,比例由1978年的8.51%開始爬升,從圖中所示,曲線具有遞增型態,且於2006年越過高中學歷的就業者,2007年達38.13%。在比例中為最高的一群就業者,其中專科為17.14%,大學及以上為20.99%。

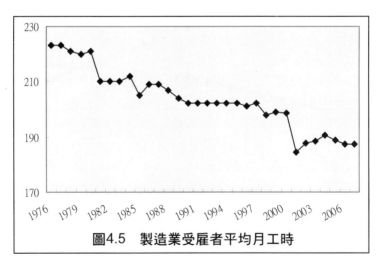

圖4.5 製造業受雇者平均月工時

資料來源:Council for Economic Planning and Development, *Manpower Indicators*, 2007.

受雇者工作時間愈長,產出就愈多。以人口數為單位計算產出時,因未考量每一工作者所投入的工作時間,致使單位產出因工時不同而有波動。工時多時,單位產出就高;反之,就低。工

作長短的變化，因未能包含在就業人口數中，因而該變數對經濟
成長的反應，就會落在質的效果上。工時上升，勞動生產力就上
升；反之，就下降。台灣隨著經濟發展的腳步，國民所得愈來愈
高，國民對休閒也就愈來愈重視。依經濟理論，所得的提高，會
使國人增加休閒時間，減少工作時間。從圖4.5中得知，以製造業
為代表所示的受雇者平均月工時，呈長期走低格局，由1976年平
均223月工時持續下降到2007年187月工時。因而從工時投入研判
勞動生產力的變動，其貢獻是負的。

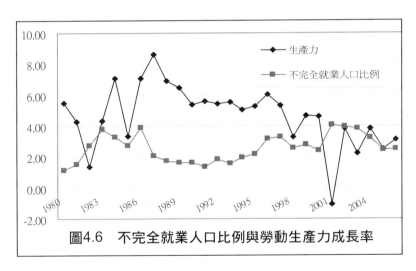

圖4.6　不完全就業人口比例與勞動生產力成長率

資料來源：同圖4.5。

　　與受雇者工作有關的另一種統計資訊，即工作未滿一定工作
時數而卻增加時數者之比例，此為不完全就業人口的訊息，為就
業人口中的低度利用狀況。此狀況的產生，影響因素頗多，若勞

動市場處於求才者多於職位空缺者，人力的低度利用狀況會變得嚴重些，而這又與經濟景氣與否有關。不完全就業人口，因人力並沒有完全發揮，或沒有充分利用，因而不完全就業人口比例愈高，勞動生產力也就愈低。圖4.6中的曲線分別為勞動生產力成長率與每週工時未滿35（或40）小時且希望增加工時者占就業者之比例（簡稱不完全就業人口比例）。從圖中可看出，當不完全就業人口比例上升時，勞動生產力的成長率趨緩；當不完全就業人口比例處於低檔時，勞動生產力的成長率卻處於高檔，兩者為負相關。不完全就業人口比例的高低，會影響勞動生產力。

第二節　從勞動過剩到勞動不足：農業勞動力的移轉

　　1949年國民政府播遷來台時，當時就有百萬以上軍民跟著遷來。因此提供物質、增加生產、穩定物價與經濟情勢，成為政府首要的經濟目標。1950年代初期台灣的失業率很高，有時在4%以上，而在人口變遷過程上又處於人口爆發增長的第二階段，潛在勞動力人口眾多，源源不斷要進入勞動市場。如何提供更多的就業機會，以吸收勞動，為經濟政策釐訂時重要考量因素。在土地政策方面，1950年代初期所實施的三七五減租、公地放領與耕者有其田政策，皆在以大量小自耕農耕作方式發展農業，成功吸收部分農村剩餘人口，減緩大量移入城鎮而造成都市失業率高攀現象，農業就業人口從1953年的164.7萬人增加到1964年的181萬人，顯示台灣在經濟發展早期，農業仍具有吸收就業人口之能力。在工業政策方面，則全力扶植民營企業，由於資金不足，勞力過剩，政策上乃先發展國內已有市場的進口代替工業產品之生

產，其生產方式為少用資本、多用勞動。因國內市場有限，為求勞動能有更大的吸收效果，1960年代初期轉而在政策上改弦為以勞動密集式產品出口擴張的發展模式。台灣在1950年代到1970年代，皆為人口快速增長時代，人口由1952年的858.2萬人增到1982年的1,829.3萬人，人口淨增加971.1萬人；人口如此快速的增加，勞動力當然也跟著水漲船高，勞動力也淨增加389.6萬人，增加1.27倍。所增加的勞動力之所以能被吸收，全得利於出口擴張發展策略上的優異表現，不但在1950年代所苦惱的高失業率問題得以解決，且在1970年代起台灣面臨一個有勞力短缺的新問題。

一、勞動從過剩到短缺之變遷過程

　　發展中國家處於有大量過剩的勞動，尤其是無技術工人時，如何創造更多的就業機會，以吸收過剩的勞動力，降低失業率，從世界各國發展橫剖面觀察，皆為一項嚴峻的挑戰。諾貝爾經濟學獎得主路易士（W. Arthur Lewis, 1954），提出無限勞動供給發展模式。在發展初期，勞動是無限供給，廠商只需給付維持生存水準所需的工資，就可雇用勞工，經濟的發展，在於如何創造更多的勞動需求。企業賺了錢後，將所賺的錢，再用於投資，勞動需求就會不斷地擴張，造成經濟成長。然而，無限的勞動供給不是無止境的，會有停止的一天，屆時農工兩部門競用勞力，而農業部門或農村不再扮演「工業發展所需勞力的後備支援部隊」。當轉捩點到來時，即勞動需求達到圖4.7所示的q點時，若還需再多的勞動，勞動供給不再是一條水平的曲線，而是一條具有正斜率的曲線，勞動供給量的增加與工資上漲呈正相關。路易士的發展模式，可以圖表示如下：

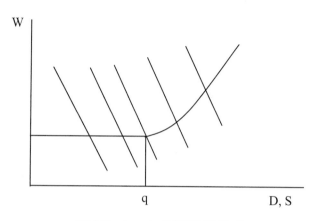

圖4.7　Lewis經濟發展模式

　　台灣的經濟發展，在存有無限勞動供給時期，工業部門的基本工資以農業平均勞動生產力為基準，就可雇用想雇用的勞工。轉捩點發生的年份經學者實證研究約在1960年代中期，在1965年前後 [2]。我們就農業就業人口變動觀察，1950年代農業就業人口持續增加，到1960年代的前期仍在增加，直到1964年達最高農業就業人口181萬人後，才呈下滑走勢。1964年為一個重要分界年份。另從失業率觀察，台灣的失業率在1965年左右開始大幅下降，1967年降到2%以內，也就是說，從1960年代中期之後，只要

2　對轉捩點的實證研究，學者之間採用不同的資料，利用不同的研判準則，但所獲得的結果大致上都集中在1960年代中期，因而1960年代中期為台灣經濟發展上無限勞動供給消失的時點，是具有高度可信的。Ranis and Fei(1964)認為轉捩點在1965年至1966年，邊裕淵(1971)認為在1961年到1965年之間，陳俊勳(1983)認為在1966年到1968年，吳惠林(1985)認為在1965年，而張清溪(1989)認為在1960年代中期。

想要工作的勞工基本上都可容易找到工作，而有工作可做。台灣
在1970年代與1980年代基本上是處於充分就業的榮景。因而，
1960年代中期為台灣在經濟發展上無限勞動供給消失的時點，是
在學理基礎上與實務研判後的結果，具高度可信。

　　無限勞動供給消失後，工業部門對勞動的進一步需求，就需
支付高於農業平均勞動生產力的工資，才能雇到勞工，才有可能
使勞動力從農業部門進一步釋出。然而，台灣在高出生率的情況
下，勞動力自然就會有相當數量上的增加，由於勞動密集式工業
產品生產發展快速，李誠（1975）認為在1968年之後勞動力就不再
充沛。到1970年代中期並無全面性勞力短缺現象，但卻有結構性
的勞力短缺，最為缺乏的勞動力為年輕、未婚與低教育水準的婦
女勞工。造成如此局面的主因，在於使用此類勞力的產業快速發
展，其產業別主要為電子、紡織、服飾與成衣、橡膠與塑膠製品，
及食品等。結構性勞力短缺現象，進入1980年代仍然存在，到1980
年代後期，惡化轉為普遍勞力短缺的局面（吳惠林，1990）。

　　勞動是否短缺？短缺是否為局部性或全面性現象？就勞動
短缺而言，可以種類來分，如專門人才、技術工人與無技術工人；
以不足範圍來分，有全面性與局部性之分；以不足的原因來分，
有動態上、價格控制與錯置上的分別（李誠，1975）。不同的勞動
短缺，有其本身的成因、問題與解決之道。據吳惠林（1990）研究
結果指出，台灣勞力短缺現象，確實由1970年代的局部性與結構
性現象，轉為1980年代的全面性現象，不但農工兩部門競相爭
用，工業部門的各行各業也在爭搶，最為短缺的勞力是技術工與
基層勞力，業別中以紡織及成衣服飾業、與營造業所缺最為嚴重。

　　勞動短缺，在市場法則下，自然也會促使工資上升。製造業

的實質薪資年增率，1950年到1964年為4.3%，1965年到1973年為5.9%，1974年到1983年為6.1%，1984年到1989年為8.8%（見吳惠林，1990，頁81）。勞動實質工資上漲的速度，由勞動無限供給轉到勞動局部不足，再到全面不足時，呈現更快速度的上揚。工資的提升，是否為一有力解決勞力短缺問題的處方？一般認為，只要服從市場機制，問題就可迎刃而解。也就是說，將工資提升到有足夠誘因時，勞動就會進入市場；而高的工資，也會降低勞動需求，企業會調整要素間之投入組合，產業跟著升級。其實，問題沒那麼簡單。在台灣，至少存有下列的問題：

1. 進入1990年代，台灣人口成長因出生率的降低而下降，勞動力的增長自然也跟著變慢。
2. 國民所得隨經濟發展而提高，國民提高對休閒的偏好與需求，一方面表現在工時投入的降低上，另一方面也影響到各年齡層的勞動參與。
3. 國民教育的普及與教育年限的延長，使得勞動素質提高，反而更加重基層勞工的短缺；再加上所得效果的影響，並非從工資上著手就能解決3D產業（係指danger、difficult與dirty）的勞動問題。
4. 台灣經濟為出口導向型態，勞動成本的高低，攸關產品的國際競爭。

在1980年代末，台灣發生勞動全面短缺現象，與其說是勞動供給不足所造成的因，不如說在出口導向的經濟發展下而有快速經濟成長所導致的果。在如此發展策略下，台灣勞力充分利用，

勞動充分就業,乃創造出經濟既快速成長,而所得分配又均化之台灣經濟奇蹟。

勞動全面短缺的出現,工資水準的上漲,加上台灣企業面臨解嚴後的社會失序與新台幣不斷升值等之壓力,廠商對工業產品是否繼續生產、如何生產、在何處生產等問題,成為企業主需正視的嚴肅問題。台灣在這股壓力下,進行產業結構調整與產業升級。企業若想再保有低勞動成本優勢,務必找尋新生產基地,台商在1990年代發揮了視低廉勞動成本為「逐水草而居」的企業家精神,將需勞動密集生產的產品之基地遷往海外,尤其是大陸,而使事業的經營得以永續,產生「台灣接單,大陸出貨」之產銷體制。這是面臨勞動短缺與勞動成本提高後的作為之一。

繼續在台灣經營的企業,在生產投入組合方面,傾向資本更密集的使用,提高自動化與半自動化的生產操作,使生產技術的含量提高。由於台灣教育水準相當良好,國民素質也高,以技術密集式的產品替代勞動密集式的產品來生產,成為台灣經濟發展的另一策略。

另一種作為,就是引進外勞。由於六年國建的推動,政府於1989年10月首次引進外勞參與重大建設,核准人數為4.3萬人。工商業也不斷利用這項政府便宜措施,而向當局要求,終於在1991年10月開放6行業15種職業給民間企業申請外勞,開啓民間合法雇用外勞之大門。1992年5月就業服務法完成立法,對企業外勞與福利外勞的雇用,更具制度化運作與管理。到2006年,台灣合法外勞約有36萬人。

二、農業勞動的釋出

在經濟發展的過程中，產業結構必然跟著變遷，產業重心會從第一級的農業轉為第二級的工業，再轉到第三級的服務業。在這三大產業分類中，由於農業勞動生產力相對較低，因而在發展的過程上，農業部門就不斷地釋出勞動，勞動從農業部門轉移到非農業部門，如此勞動重分配的結果，會提高整體勞動生產力。台灣在經濟發展的過程中，勞動人口的產業就業分配路徑就是如此。

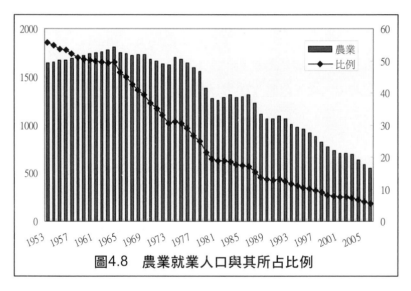

圖4.8 農業就業人口與其所占比例

單位：千人，%
資料來源：歷年農業統計年報。

從圖4.8所示，1953年到1964年之間，農業就業人口仍在增加，由164.7萬人增到181萬人；但占就業的比例卻下降，由55.57%

降到49.48%；顯示農業就業人口的增加不及第二、三級非農業部門的就業人口。1965年後，農業就業人口開始減少，1979年少於150萬人，1994年更低於100萬人，2006年只有55.5萬人。農業就業人口呈快速減退現象。在同期間，因台灣總就業人口呈上揚局面，顯然農業就業人口走勢與台灣整體總就業人口走勢是背道而馳的。也因如此，使得農業就業人口比例下降的速度遠大於其就業人口的下降，1979年降到21.46%，1994年更降到10.92%，2006年為5.49%。以行業別來表示就業貢獻度的情形，農業是每下愈況，其重要性也是愈來愈低。

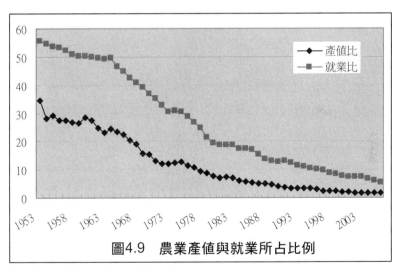

圖4.9　農業產值與就業所占比例

資料來源：同圖4.8。

　　無論農業就業人口是處於增加或減退階段，農業勞動生產力不但低於工業部門，也低於整體經濟。站在勞力充分運用上分析勞動在產業的分配問題，與從不同勞動生產力而相對獲得不同的

工資上予以論述，在市場經濟中就有一股力量，促使勞動從農業部門釋放，轉移到非農業的工商部門。圖4.9為農業產值比與農業就業比之兩條曲線。從圖中所示，兩條曲線都呈長期下降走勢，但無論在哪一年，農業就業比的曲線都在農業產值比的上方，表示前者的比率高於後者，顯示農業勞動生產力低於整體經濟水準，換言之，低於工商部門的勞動生產力。高勞動生產力，表示高工資，因而市場中自然會有一股力量，將勞動從農業部門移向工商部門。

　　農業部門到底釋出多少勞動？在文獻上有許多推估方法。我們進行每年的推估，不選擇固定年來進行。假設農業部門就業人口在無轉移下的成長，等於總就業人口的成長 [3]，以此成長率推算無轉移現象下的農業就業人口，再與實際農業就業人口相比，所得之差額，就是當年從農業部門轉移出的就業人口數。從1953年到2006年，農業部門共釋放出292.6萬人到工商部門就業。若按不同時期觀察，在無限勞動供給時期，即1953年到1964年，共釋出19.8萬人；在農工部門競相爭雇時期，即1965年到1973年，共釋出84.2萬人；在局部性勞動不足時期，即1973年到1983年，共釋出74.3萬人；在全面性勞動不足時期，從1984年到1999年，共釋出87.3萬人；在民進黨執政時期，即2000年到2006年，共釋出26.9萬人。各時期年均農業就業人口轉業率分別為1.06%、5.44%、5.17%、5.28%與6.05% [4]。

---

3 以總就業人口成長率當作農業部門就業人口自然增長率，似有低估現象。因在農業部門或農村地區，人口增長率是大於工商部門或城鎮地區。

4 轉業率係農業轉移人口占當年農業就業人口之比率，年均者是以加總後除以年數而得。

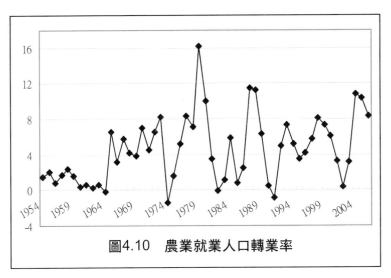

圖4.10　農業就業人口轉業率

資料來源：本研究整理。

　　從圖4.10得知，在1964年之前的轉業率是不高的，年間的變化幅度也小。在無限勞動供給消失後，農業就業人口的轉業率不但提高，且年間產生較大幅度的變化，也就是說有時轉業率高達16%[5]，有時轉業率反而變成負的，致工商就業人口反而倒流到農業部門，如在1974年與1991年。

第三節　不同經濟發展階段之人口變遷

　　台灣五十餘年來的經濟發展，由貧窮變爲富裕，由威權管制轉到開放自由，由戒嚴到解嚴，由獨裁到民主。台灣無論在社會、

5　發生在局部性勞動不足的後期年份，在1979年。

政治及經濟等方面,都歷經一番結構性的變遷,其變化幅度相當巨大。我們知道:經濟會受人口的影響,但人口何嘗不受經濟的影響?在這五十餘年的發展過程中,人口與經濟相互激盪,其影響是持續進行著。然而,為了分析方便起見,以及能在各個不同階段突顯人口變遷的特徵,我們以不同的經濟發展階段來論述人口變遷。從產業觀點來劃分經濟發展階段,經濟發展的路徑會從以農業為重的社會轉到以工業為重的社會,再轉到以服務業為主的社會。產業結構如此的變遷,主要因所得水準不斷提高,導致消費結構產生變化而影響產業變遷,世界經濟體系是如此變遷,已開發國家的經濟變遷也是如此,當然台灣的經濟體系的變遷也不會例外。

一、農業經濟時期的台灣人口變遷

農業經濟時期的台灣經濟,農業產值份額是下降的,也就是說農業產值的增長低於工業。此時期為何會有此現象?係因農業產值份額仍高於製造業。1966年後農業產值不但低於工業,也開始低於製造業。

在農業經濟時期,自耕農採用更多勞動投入的耕作方式;在工業方面,無論在進口替代與出口擴張的發展策略上,都以吸收更多勞動為主,產業發展的首要目標之一在於就業機會的創造。隨著產出的增加,人均所得的提高,所得分配趨向均化,這說明:國人所創造更大的經濟餅,係由國人共同來享有。

然而,在生兒育女、重男輕女的大家庭傳統觀念下,台灣維持高出生率,人口開始快速增長,幼年人口的比例跟著提高,由1952年42.3%升到1960年45.4%,幼年扶養人數大大提高。另者,由於衛生改善與所得增加,生命餘命呈現顯著性的增長,尤其在

1950年代，男與女的生命餘命約增長9歲。1952年男性與女性的生命餘命分別為53.1歲與57.32歲，1966年分別增為65.18歲與69.74歲。在此時期，男與女的生命餘命都增長12歲。

人口增加，勞動力人口也會跟著增加，再配合失業率的降低，就業人口反而比勞動力人口增加的更多。台灣存有一批龐大的勤勞非技術勞工，可作為工業發展的後援部隊。勞動力人口雖然增加了，但勞動參與率不增反減，下降的主因來自於男性勞動參與率，而女性勞動參與率提高有限，因社會仍為男主外、女主內之家庭分工模式。

在就業行業別上，工業與服務業已吸收不少的人口就業，但在1960年仍有一半以上的人口留在農業就業。顯示台灣經濟發展，在勞動生產力與工資的運作下，農業可為工業儲備人力，隨時可釋出供工業所需。

二、傳統工業經濟時期的台灣人口變遷

台灣經濟重心由農業轉到工業後，製造業歷經一番快速的發展，1987年起的產值份額也呈力竭氣衰現象，產值份額達37.58%後，就開始下降；代之而起的便是服務業，尤其是商業與金融業在經濟社會中的地位。1987年後，服務業替代工業，成為在經濟體系中的主導地位，台灣從此就步入服務業化之社會。

在傳統工業經濟時期，因出口擴張帶動之效果，生產勞動密集式產業蓬勃發展，如紡織與成衣服飾、運動鞋、玩具、電子產品等，因而對勞力的需求大增，且使得勞動不再是初期時取之不盡、用之不竭之要素，反而變為全面性勞動短缺現象。1987年以後台灣成為工資高、勞動缺的社會。由於傳統工業時期為台灣經

表4.6 台灣人口變遷有關指標

年	1952	1960	1970	1980	1990	2000	2007
GDP（2001年價格，億元）	2,147	3,874	9,752	24,907	53,647	100,811	123,868
人均GNP（2001年價格，元）	25,129	34,724	66,857	140,976	271,908	461,940	557,083
吉尼係數		0.321	0.294	0.277	0.312	0.326	0.339
產業結構：農業	32.2	28.5	15.5	7.7	4.2	2.0	1.5
工業	19.7	26.9	36.8	45.7	41.2	29.1	26.8
製造業	12.9	19.1	29.2	36.0	33.3	23.8	23.0
服務業	48.1	44.6	47.7	46.6	54.6	68.9	71.7
人口（千人）	8,128	10,792	14,676	17,805	20,353	22,216	22,790
出生率（千分之一）	4.66	3.95	2.72	2.34	1.66	1.38	0.90
死亡率（千分之一）	0.99	0.70	0.49	0.48	0.52	0.57	0.60
生命餘命：男	53.10	62.31	66.66	69.57	71.33	73.83	74.86
女	57.32	66.40	71.56	74.55	76.75	79.56	81.41
人口年齡結構：幼年（%）	42.3	45.4	39.6	32.1	27.1	21.1	18.1
青壯（%）	55.1	52.1	57.4	63.6	66.7	70.3	71.0
老年（%）	2.5	2.5	3.0	4.3	6.2	8.6	10.0
勞動力（千人）	3,063	3,617	4,654	6,629	8,423	9,784	10,713
勞動參與率（%）	66.5	62.4	57.4	58.26	59.24	57.68	58.25
男性（%）		83.7	78.9	77.11	73.96	69.42	67.24
女性（%）		34.0	35.4	39.25	44.50	46.02	49.44
失業率（%）	4.4	4.0	1.7	1.2	1.7	3.0	5.1
就業（千人）	2,929	3,473	4,576	6,547	8,283	9,491	10,294
產業結構：農業（%）	56.1	50.2	36.7	19.5	12.8	7.8	5.5
工業（%）	16.9	20.5	28.0	42.5	40.8	37.2	36.6
製造業（%）	12.4	14.8	20.9	32.9	32.0	28.0	27.5
服務業（%）	27.0	29.3	35.3	38.0	46.3	55.0	57.9
教育程度：不識字或自修（%）				9.83	5.12	1.88	0.57
國小（%）				41.48	28.77	16.28	10.47
國中（%）				18.76	19.90	18.93	15.08
高中（%）				19.53	29.86	35.56	35.75
專科（%）				5.35	9.15	15.52	17.14
大學以上（%）				5.05	7.19	11.83	20.99
職業別（%）							
民代企業主管經理人員				3.74	4.72	4.34	4.49
專業人員				3.86	5.15	6.43	8.41
技術員及助理專業人員				7.60	11.63	16.77	19.62
事務工作人員				6.35	7.98	10.82	11.00
服務工作人員及售貨員				14.78	16.69	18.04	19.08
農業工作人員				19.18	12.73	7.65	5.16
生產工人操作工及體力工				44.49	41.11	35.96	32.25

資料來源：行政院主計處，《國民所得統計年報》、《家庭收支調查報告》、《人力
　　　　　運用調查統計年報》；內政部，《內政統計年報》。
附註：1960年的吉尼係數、男性及女性勞動參與率皆為1964年的資料。

濟最為快速發展的時期，1960年代人均所得約增加一倍，1970年代也增加一倍，1980年代又增加一倍，1990年的人均所得為1960年的6.83倍。台灣在這一時期處於充分就業的榮景，享有所得成長高與分配均等化之福祉。

在傳統工業經濟時期，因工商社會的興起，以及政府推動家庭計畫，鼓吹兩個孩子恰恰好，生男生女一樣好，所以出生率開始呈長期下滑走勢，幼年人口比例也開始下降，青壯年人口比例開始上升。基本上，台灣人口年齡結構仍處於年青化階段，1990年老年人口比例才達6.2%。生命餘命仍持續增長，1990年男性達71.33歲，女性達76.75歲。

即使在政府家庭計畫強力推行下，台灣總人口仍呈快速增長。1990年的人口（2,035.3萬人）比1960年（1,079.2萬人）增長一倍。由於前期處於高人口自然增長率的狀況，使得本期勞動力的增長超越人口增長，增長倍數為1.32倍。除人口增加量大外，政府也在政策上厲行人口素質的提升，於1968年推行九年國民義務教育，得以改善以後的勞動力年齡結構與素質。

在勞動參與率變化方面，男性持續下降，女性持續提升，男性勞動參與率由1964年的83.7%持續下滑到1990年的73.96%，而女性由34%持續上升到44.5%。女性因教育水準的提高與新婦女運動、及經濟獨立等新觀念，使得婦女變為職業婦女，漸形脫離傳統家庭婦女的窠臼。

在就業結構上，無論從行業別、教育程度別與職業別上，都可發現在結構上產生顯著的變遷。農業就業人口不像在1960年時占總就業人口的比例達一半以上，1990年的比例只剩12.8%，農業所釋出的人口與人口在行業間之重分配，都轉移到工商業，工

業與服務業的就業人口比例乃大幅提高。由於義務教育的延長與家長對孩子教育的重視，國人受教育水準普遍提高，因而也影響到就業人口的素質。就業人口中的教育程度為國小者之比例，1980年到1990年由41.48%降到28.77%，為高中（職）者之比例由19.53%上升到29.86%，同時受高等教育的就業人口比例也在快速增加中。在職業別方面，也從農業從事人員與非技術工人轉向技術性人員與專業人員，顯示經濟愈發展，社會中愈需要有技能的人口。

三、服務業經濟時期的台灣人口變遷

進入服務業化之社會後，服務業的產值增長凌駕農業與工業。此時進入成熟社會，人均所得增長趨緩，不再享有長期的充分就業，社會面臨失業問題，政府開始注重社會福利事項。由於人口教育水準高，婦女在勞動市場中的地位更提高，婦女成為家庭經濟的主要創造者。另外，也出現高齡化與少子化並存之人口結構。這也是台灣邁入21世紀的社會現象。

服務業化之社會，製造業的產業結構也是會變遷，從食品業與紡織業為主的生產方式，改以高科技的電力機械、資訊電子產業。從1987年起，製造業就以該產業為主要產業，也成為台灣出口最大宗的產業。正因為高等教育的普及，與社會對技能與職業教育的重視，與非技術勞工相比，台灣反而成為技術性人員相對豐富的社會，在發展技術密集式產品的產業在國際分工體系中具有優勢。由於產業發展的多樣性，以及職位階層的再分化，形成人事組織結構的金字塔形。相反的，台灣隨著國民所得的增加，所得分配反而向不均方向發展，漸成M型的所得分配型態，從而

也加重政府社福支出。

　　進入成熟型的社會，人口增長趨緩，出生率降到歷史上的最低點，2006年僅有9‰而已，往後出生率還會繼續降低，淨繁殖率已不到 1。婦女不但晚婚，也晚生育，致少生或不生子女；另者，生命餘命繼續延長，促使台灣已進入高齡化社會。2006年老年人口比例已超越10%。在出生率下降，死亡率攀升之情況，台灣人口自然增加率將會變爲負的，屆時人口將不增反減。

　　幼年人口比例隨出生率的下降而下滑，由1990年的27.1%降到2006年的18.1%；而青壯人口比例卻上升，由66.7%升到71%。正因爲人口年齡組成如此變遷，使得勞動力人口增加率(27.18%)超越總人口的增長率(11.97%)。男性勞動參與率仍在走低，女性仍在走高。所以在台灣的都市處處可見職業婦女，她們有高的教育水準，職位不比男性低。服務業化的社會更有婦女在職場上發展的空間。

　　產業結構變爲服務業化，就業結構也隨之變遷。農業與工業的就業所占比例分別從1990年的12.8%與40.8%下降到2006年的5.5%與36.6%，所下降的百分點完全轉入服務業，服務業的就業比例由46.3%爬升到57.9%。產業之服務業化與製造業之高科技化，使職業類別也產生結構變遷。社會上更需求專業與技術人員，更需要服務與售貨人員，專業人員所占比例已從1990年5.15%升到8.41%，技術人員從11.63%升到19.62%，服務人員從16.69%升到19.08%；而農業工作人員與非技術勞工卻持續下降，分別由12.73%與41.11%降到5.16%與32.25%。

　　台灣高等教育的普及化，自然創造出高素質的人口。就業人口中的高等教育比例自然就提高，得以支持社會向服務業化與高

科技化產業的發展。教育水準中,就業者初級教育程度者持續下降,到2006年,教育程度在國小者降到10.47%,國中者降到15.08%,高中(職)者持平,為35.75%,專科者升到17.14%,大學及以上者升到20.99%。

　　從產業發展不同的三個時期論述人口變遷,人口無論在總人口、出生率與死亡率、年齡組合,及生命餘命上都產生結構性的變化,顯然50年之前與之後截然不同。在就業方面,無論在勞動力、勞動參與率、就業的產業結構、就業的教育程度與就業的職業類別上,50年之前與之後也是截然不同。對照之下,恍惚在兩個不同世界。

第五章
台灣家庭計畫與人口變動

第一節　台灣推動家庭計畫之背景

　　第二次世界大戰結束後，台灣是推動家庭計畫最早的地區，而推動的成果也是比較成功的；但是推動家庭計畫並不是件容易的事。尤其是在啟動之初所遭遇的困難之大，對21世紀的人來說，很難理解。

　　推動家庭計畫的目的，就是要一般婦女節制生育，因為無節制的生育不僅是一個家庭的重大負擔，對生育婦女的健康也有不利的影響；同時對一國經濟發展也是無益的。可是在20世紀前半期，對這個問題有充分理解的人，畢竟是少數，因此，推動家庭計畫便成為一件艱鉅的工程。

　　就台灣的情況而言，在第二次世界大戰結束後，人口的大量增加，的確對人民生活、經濟發展形成很大的挑戰。在當時，台灣人口不過600萬人。由於被日本徵調去支援東亞侵略戰爭的台灣兵紛紛由南洋返台，人數在20萬人左右，1945年由大陸國民政府派來接受日本投降及從商的大陸人，以及1949年大陸陷入中共

統治,先後撤退來台的軍民約160萬人。上述因素使台灣人口增加到1950年的800萬人,而台灣可利用的耕地面積不到1萬平方公里。

由於台灣在第二次世界大戰後期遭受盟軍轟炸,破壞程度嚴重,即使到了1950年,台灣老百姓生活之艱苦,並未獲得很大的改善。直到1952年,台灣稻米產量才恢復到第二次世界大戰前最高紀錄。這些平添的二百多萬人民中,具生育能力的比例相當的高,成為戰後嬰兒潮(Baby Boom)的主要來源。到1952年生育率仍高達46.6‰,而死亡率僅為9.9‰,使人口自然增加率高達36.7‰,亦即該年增加人口為29.4萬人,相當於當時高雄市人口。到了1960年總人口為1079.2萬人,自然增加率仍高達32.5‰,或年增34.5萬人。相較1945年之600萬人,台灣人口增加了479.2萬人。到1970年,總人口為1467.6萬人,自然增加率為22.3‰,或自然增加人口為33.9萬人。自1945年至1970年台灣人口增加867.6萬人,或1,448‰,幾乎達一倍半(見表5.1)。

事實上,自1949年開始,台灣的學者專家即陸續提出台灣人口問題的嚴重性,即耕地面積有限,人口密度高,出生率又大幅提高,1950年,出生率曾高達50‰。

對於台灣人口與土地問題之研究,在台灣光復後,台灣大學陳正祥教授即從事土地利用與人口問題的研究,在1949年5月3日,他在《公論報》發表〈生活水準與人口問題〉一文,指出台灣人口壓力很大,若將解決人口問題的希望完全寄託在工業化上,依然無法徹底解決,所以主張多種方法齊頭並進,而以「節制生育」作為控制人口成長的基本方法。1951年陳正祥與段紀憲發表〈台灣之人口〉;1955年,陳正祥、蔡曉畊又發表〈台灣人口之出生與死亡〉;同年陳正祥再發表〈台灣之人口及其問題〉。

表5.1　台灣總人口與自然增加率

單位：1,000人，‰

年	總人口 （1,000）	生育率 （‰）	死亡率 （‰）	自然增加人數 （1,000）	自然增加率 （‰）
1952	8,128	46.6	9.9	294	36.7
1953	8,438	45.2	9.4	297	35.8
1954	8,749	44.6	8.2	314	36.4
1955	9,078	45.3	8.6	327	36.7
1956	9,390	44.8	8.0	340	36.8
1957	9,690	41.4	8.5	314	32.9
1958	10,039	41.7	7.6	336	34.1
1959	10,431	41.2	7.2	347	34.0
1960	10,792	39.5	7.0	345	32.5
1961	11,149	38.3	6.7	346	31.6
1962	11,512	37.4	6.4	350	31.0
1963	11,884	36.3	6.1	352	30.2
1964	12,257	34.5	5.7	348	28.8
1965	12,628	32.7	5.5	339	27.2
1970	14,676	27.2	4.9	323	22.3

資料來源：Council for Economic Planning and Development, *Taiwan Statistical Data Book*, 1981.

在這些論文中，再三呼籲節制生育之必要性。1950年12月農復會美籍委員貝克博士演講「人口與生產的平衡」，指出台灣人口增長過速，應即採取節制生育方法，並加以控制。最具影響的人物是主持農復會的蔣夢麟博士，他平日深入農村，瞭解民間疾苦，知道人口快速膨脹會阻礙社會經濟發展，乃陸續自1951年起在《新生報》發表兩篇文章，即〈土地問題與人口〉（7月8日）和〈再論土地與人口〉（8月22日）。他指出中國歷代土地與人口消長的關係，中國耕地面積不夠，人民生活程度自然低落，進而指出節

育並不等於減少人口，而是使人口與土地保持適當的比例，以便作合理的分配，提高生活水準。他進而指出：依據過去的人口資料，預估台灣人口將於24年後，再增加一倍；如不加以有效控制，人口問題必將愈來愈嚴重。他的文章發表後，立即受到經濟學者、地政專家的支持。美國學者巴克萊（George W. Barclay）於1952年9月來台研究台灣人口問題，1954年完成報告，出版《台灣的拓殖與人口》；並向農復會提出「台灣人口研究報告」（1955）。他認為台灣依賴人口占43.8%，偏高。台灣必須努力謀求經濟發展，才能容納新增的勞動人口；他更認為：在人口增加率2.5%之下，台灣人口再過150年可達4.5億人，即當時中國大陸的人口。

學者與專家指出台灣人口快速成長，無論對家庭或社會均帶來嚴重問題，於是有識之士乃組織社會團體，試圖以民間力量推動家庭計畫工作。到了1957年，他們的活動引起行政當局與立法機關的關注與討論。

第二節 推動家庭計畫遭遇的阻力

當時推動家庭計畫所遭遇的阻力主要來自政府決策人士，他們對人口快速成長問題有不同的認知。像部分立法委員認為主張節育，有違國父遺教中的民族主義；行政院長陳誠、內政部長黃季陸認為反攻大陸需要更多兵員與人力；而主持經濟發展的尹仲容，也認為節制人口對經濟發展並不適宜。這兩種認知對家庭計畫的推行，為最大的阻力。中國農村復興聯合委員會有鑒於台灣人口增加速度過快，曾發行《幸福家庭》小冊子，呼籲人民以提倡安全期的方法來推行家庭計畫。惜當時輿論反應不佳，甚至有

人上書行政院，指控這項行動是共產黨用來削弱軍隊實力的陰謀。為了避免更多的誤解，他們便停止此項計畫（陳肇男、孫得雄、李棟明，2003）。

在1950年代，反對家庭計畫的，可分五派：

1. 國父遺教派：如廖維藩、張鐵君、任卓宣、朱家驊等。
2. 宗教派：如于斌、方豪等。
3. 反攻大陸派：如黃季陸、陳誠等。
4. 傳統觀念派：大家庭的多子多孫觀念。
5. 經建計畫派：尹仲容等。

在社會上，許多學者、專家卻表示贊同，包括經濟學者，如施建生；農經學者，如張研田、張德粹；社會學者，如龍冠海；醫學專家，如許世鉅等。蔣夢麟身為農復會主委，為推動家庭計畫，他甚至以生命作擔保。

儘管推動家庭計畫困難重重，但是農復會的領導階層，如蔣夢麟、許世鉅、舒子寬贊助於1953年籌組中國家庭計畫協會。開始時，由農復會補助經費，一直到1958年。該協會於1954年8月底經內政部核准成立。1959年4月，蔣夢麟發表〈讓我們面對日益迫切的台灣人口問題〉，贏得輿論界壓倒性的支持，同時經由嚴家淦與孫科的努力，使蔣中正總統瞭解到人口成長太快，使人民更加窮苦，而窮苦才是共產主義繁殖的溫床，這才使推動家庭計畫的努力得到了政府的支持，及政府高級首長（如尹仲容、龐松舟〔行政院主計長〕）認同：應提倡節育、獎勵移民、限制移入、積極生產，以彌補糧食生產不足等難題。

第三節　中國家庭計畫協會的任務

　　毋庸諱言，中國家庭計畫協會，在推動家庭計畫所作的貢獻是值得肯定的，而且也獲得國際上的佳評。因為在推動之初，冒風險突破禁忌是關鍵因素，所以它的經歷對其他國家的家庭計畫工作提供有價值的參考。更重要的，它對促進台灣婦女健康，節制生育，改善家庭經濟也有幫助。在1991年以前，台灣家庭計畫工作達成其階段性使命；自1991年起，它的服務重點對象改為特殊群體，傾向於如何建立健康的家庭工作。

　　從1949年開始，學者專家陸續公開提出台灣的人口問題，其中以農復會最積極，經過農復會三年的努力，即1953年，促成中國家庭計畫協會之成立。在1958年以前，並由農復會提供補助，其主要工作項目有：(1)生育指導，(2)婚姻指導，(3)家庭生活及衛生之普及教育。當時該協會所遭遇的困難，為無經常的經費來源，為此，要靠民間募款，很難持久。幸賴許世鉅處長努力爭取農復會的補助，得以克服。由於這筆補助款來自美援，因美國政府的反對，乃改由台灣省政府社會處支助，該會才得以繼續推行家庭計畫工作。為減少推行時所遭遇的障礙，將「人口問題」轉為「衛生問題」，以便取得婦女的信賴，減少對家庭計畫工作的阻力。

　　家庭計畫運動受到正面的肯定，是在1959年。在該年4月13日，蔣夢麟主委以項上人頭保證，強調推行家庭計畫不會闖下亂子。他的堅定態度受到國內外輿論的支持，這才使家庭計畫的推行阻力減少；而行政機關漸漸取代民間團體，逐年負起推行家庭

計畫工作的責任。

1964年台灣省衛生處提出「擴大推行台灣省家庭計畫五年方案」，該方案計畫在五年內協助育齡有偶婦女60萬人裝置樂普，預期在10年內將人口自然增加率由1963年的30‰降為1973年的20‰。由於成功的引進新避孕方法，加上孕前衛生工作的配合，以及農復會的經費補助，家庭計畫才能在全台近半數鄉鎮區展開，為台灣地區的推廣工作奠下基礎。

1961年，台灣人口研究中心成立，到1969年該中心被併入台灣省家庭計畫推行委員會內，成為該會的一個研究與資料處理部門。1964年10月成立「台灣省衛生處家庭衛生委員會」，實際負責策劃、推動與執行工作。當時之採用「家庭衛生」主要目的，是為減少反對力量的阻撓，到了1966年10月開始的四年經建計畫中，在公共衛生項下列入「家庭計畫」項目，等於非正式宣布一部分的人口政策(陳肇男等，頁44)。在此期間，推動民間團體，協助家庭計畫推廣工作的關鍵人物為許世鉅。

1966年底，中華民國婦幼衛生協會接受英國賽爾(Searle)藥廠所捐贈的25萬月份口服避孕藥。家庭衛生委員會即著手訓練工作人員，由縣市衛生局、所醫師及護士辦理口服避孕藥業務。由於家委會、省衛生處台灣人口研究中心及中華民國婦幼衛生協會之通力合作，推行工作相當順利。

除此，台灣基督教福利會也扮演另種角色，即向山地鄉與貧民區展開工作，以補「家庭計畫推行委員會」之不足。

台灣家庭計畫工作之能突破禁忌，全賴有識之士之不計毀譽，挺身而出，且再接再厲，所採取的迂迴策略。如將人口問題從「社會問題」轉為「衛生問題」，再將「人口問題」回歸「社

會問題」,來爭取立法(陳肇男等,頁73)。另外,善用外援,借助民間團體,亦厥功不小。

1971年行政院成立衛生署,該署為家庭計畫之最高行政主管機關,負責全國性家庭計畫中、長期推行計畫之制定及其有關作業。

家委會在1967年,推出「五三」口號,即婚後三年生育,每隔三年再生育,最多不超過三個孩子,三十三歲以前完成全部生育。1969年,推出「小家庭,幸福多」口號,後改為「子女少,幸福多」。1971年,為因應年輕婦女開始大量增加,又推出「家庭計畫三二一」,即婚後三年生第一胎,隔三年生第二胎,「兩個孩子恰恰好,女孩男孩一樣好」。其實,推行家庭計畫中最重要的一個環節,即輔導工作之認真,與貫徹執行。

由於自然增加率逐漸下降,政府所採取的政策重點,也從節育轉到優生保健(1976-1990)。1990年台灣之家庭計畫完成其政策目標,進入「新家庭計畫」政策期,其工作重點強調群體的優生保健服務,而「優生保健法」係於1985年1月開始實施,以期減少先天性缺陷兒的出生,以提升人口素質。到1989年,台灣人口自然增加率降為10.5‰,超過預期目標,而生育率之變化在於:(1)20-24歲組之生育率已顯著下降;而15-19歲組之情況並未改善,(2)生母年齡之分配朝向25-34歲兩組集中;(3)扶養比之變化,到1991年扶養比降為49。

第四節 台灣家庭計畫的貢獻

台灣家庭計畫對台灣社會經濟的貢獻,主要為改變「多子多福」的傳統觀念,增進婦女的生育知識,以降低生育率,減輕家

庭負擔及提高生活素質。本節再加以較詳細之說明與評論。

一、改變「多子多福」的傳統觀念

中國社會，直到20世紀後期才進入工業化時代，也就是說，在二、三千年的歷史中，中國社會是農業社會。在農業社會，居住有定所，大家庭盛行，老百姓務農為生，卻是靠天吃飯，生產主要靠人力和獸力（如牛、馬、騾、驢等）。在這種情況下，適婚年齡很早，主要為了早生「貴子」，兒孫滿堂。

傳宗接代是每一代的責任，所以有「無後為大」的觀念。為了「有後」，男人可再娶，從未考慮「無後」並非女方單方面的責任，也許因男方有不育症。可是在那個「父權」時代為了多子多孫，也成為男人娶妾的充分理由。這個陳舊的觀念，在20世紀的上半期，仍存在於廣大的農村。因此，要想破除這種不合理的觀念，確是件不簡單的事，但是台灣竟然在家庭計畫努力之下，破除了「無後為大」迷思。

二、增進婦女的生育知識

1950年代，台灣仍為一農業社會。在農業社會，農民既無節育的常識技巧，也乏節育的觀念。男女結婚之後，會不斷的生育，因為年紀輕，生育旺盛，一年一胎是平常事，既不知結紮，也無避孕工具；除非分房而居，否則，很難不生小孩。事實上，在青壯年齡，分房是件困難的事，所以有些母親，到了30歲時，已經是10個孩子的媽媽了。除非家庭富裕，營養良好，否則，多產婦女會體弱多病。有些婦女因難產而死亡之比例也會相當的高。同時嬰兒夭折率也很高，通常生10個孩子，能有6個存活已經是不

容易的事了。另一方面,因為窮,衛生知識又不足,該活的孩子也難以活到成人。根據調查,生的孩子愈多,孩子的死亡率也愈高(陳肇男等,頁13)。以1955年而言,台灣4歲以下兒童的死亡數占全死亡數的42%,較日、澳、美為高。台灣家庭計畫在這方面的貢獻相當大,不僅說服婦女安置避孕工具,而且要講孕前衛生,即為了自己與孩子的健康,不能拚命地成為生育子女的機器。農村婦女逐漸接受節制生育,保持健康的觀念,而地方衛生機構也予密切配合,這才使多生子女的觀念得以改變。

三、減輕家庭負擔及提高生活素質

本來,農業社會是靠天吃飯的,儘管「三七五減租」、「公地放領」和「耕者有其田」的土地政策,使農民有了自己的農地,從而激發農地生產力的提高,但多子多孫的結果,會使一個小康農家墮入三餐不繼的困境。況每年收成,有盈有歉,孩子多了更是家貧的一個重要原因。經節育之後,固可使婦女身體健康,也可使養育孩子的負擔減輕。直到21世紀,我們在台灣仍然發現這種現象:孩子多的家庭,很多是最貧困的家庭。孩子多了,既受不到相當的教育,也找不到賺錢的工作。惡性循環的結果,使這樣的家庭,難以擺脫貧苦的命運。

四、促成人口自然增加率的下降

家庭計畫政策的原始目的,就是節制生育,使生育率降低。自1946年起台灣人口便迅速增加,特別是到了1949年,因大陸軍民撤退來台,頓使台灣人口由600萬人增為800萬人,而戰後嬰兒潮也表現在1946到1960年。1952年人口自然增加率為35.7‰,到

1970年便降爲22.3‰；所增加的人口，則由29.4萬人增爲32.3萬人。由於人口自然增加率的不斷下降，台灣人口的增加速度，到1980年代便緩慢下來。對於這一事實，台灣家庭計畫的推行確扮演了重要的角色。不過，其他重要的原因也不能忽略。這就是在下一節所要討論的問題。

第五節　促成台灣人口下降的其他原因

我們不能忽略台灣家庭計畫對台灣節制生育所作的貢獻，但也不能忽略其他因素對減少生育也有影響，包括產業結構的改變，男女受教育的機會平等，促成「父權主義」的沒落，職業婦女因職場競爭壓力的反射，對「養兒防老」觀念的破滅，以及教育費用的大幅提高，致負擔過重等。

一、產業結構的改變

在台灣，由於經濟的迅速發展，到1960年代前半期，台灣產業已由以農業爲主流變爲以工商業爲主流。這種變化打破了「大家庭」的藩籬，因爲工業發達之後，不少受過初中教育的年輕人離開農村，到工業區、都市工作。然後，他們就在工作地區成家，結婚，生兒育女，不再回到農村，於是大家庭比例下降。年輕兒女在外地成家絕大多數是小家庭，居住空間較小，生活負擔全靠工作所得，夫妻便想各種辦法，少生子女。

二、男女受教育的機會平等，促成「父權主義」的式微

在日據時代，台灣人民中大部分受過日式小學教育。抗戰勝

利之後，國民政府遷台，強調基礎教育的重要，首先普及六年國民教育，使每位及齡兒童都要受六年的國教。到1968年，政府推行九年國民教育，使每位少年讀完小學後，再讀三年，這對提高少年素質起了很大作用。同時，政府又鼓勵設置技職教育，使青年有一技之長。凡高職畢業後，絕大部分女學生會去就業。至於當她們接受大專教育之後，她們選擇職業的志趣更高，因為她們不再是家庭的「寄生蟲」，她們在社會也能賺錢，於是她們在家庭中的地位提高了。如果丈夫的薪資比太太低，太太在家庭的地位自然升高，而且對家務事也有主導權。台灣男女受教育的情況，可參見表5.2。

由表5.2-1可知，隨著時代之演變，高中畢業生就學率，女生並不低於男生。由表5.2-2可知，再就高等教育註冊率而言，男生稍高於女生，但在1990年竟低於女生。再就女性教師在各級中等學校所占比例而言（表5.2-3）：在1980年以前，男性老師所占比例較女性老師為高，但是到1990年，女性老師所占比例遠高於男性老師。再就大專院校而言，男性老師高於女性老師，在1980年以前，男性老師人數所占比例為女性老師之2.6倍，但是到2000年，男性老師僅占女性老師的1.9倍。事實上，自1970年以來，女性老師所占比例增加較快。至於特殊教育學校，則是女性老師的天下，1967年女性老師所占比例稍高於男性老師，到1990年，女性老師所占比例為男性老師的2倍多。

同時我們也看到（表5.2-4），女生讀大學及研究所的人數不斷提高，以2005年而言，在大學本科的日間部，男生為366,127人，女生為351,845人；在夜間部，男生為103,412人，女生為117,264人。至於研究所學生，在碩士班，女生為58,307人，男生為91,186

人；在博士班女生為7,196人，男生為20,335人。由此可見女生之力爭上游的情況了。

表5.2-1　台灣男女受教育情況

單位：%

高中畢業生就學率					
	1967	1970	1980	1990	2000
男	67.26	62.15	74.93	96.21	118.26
女	85.65	87.36	86.32	91.17	118.07
平均	74.13	71.92	79.90	93.78	118.17

資料來源：教育部，《中華民國教育統計》，民國95年版。

表5.2-2　台灣男女受教育情況

單位：%

高等教育註冊率（18-21歲）						
	1976	1980	1985	1990	1995	2000
男	11.15	11.86	14.24	18.33	27.79	38.70
女	8.73	10.25	13.49	20.44	25.88	35.47
合計	9.97	11.07	13.88	19.38	29.78	42.11

資料來源：同表5.2-1。

表5.2-3　台灣男女受教育情況

單位：%

男、女性教師所占比例						
	中等學校		大專院校		特殊學校	
	男	女	男	女	男	女
1967	74.09	25.91	80.27	19.73	48.01	51.99
1970	66.60	33.40	78.26	21.74	41.92	58.08
1980	54.48	45.52	72.43	27.57	42.05	57.95
1990	48.54	51.46	68.94	31.06	31.20	68.80
2000	41.45	58.55	65.36	34.64	31.42	68.58

資料來源：同表5.2-1。

表5.2-4　台灣男女受教育情況

單位：人

2005年大學及研究所學生人數					
	博士班	碩士班	大學		合計
			日	夜	
男	20,335	91,186	366,127	103,412	581,060
女	7,196	58,307	351,845	117,264	534,612
合計	27,531	149,493	717,972	220,676	1,115,672

資料來源：同表5.2-1。

三、科技的進步，使有偶男女自行控制生育

　　由於科技的突飛猛進，避孕方法增多，使有偶男女對生育不再順其自然，而是有計畫的加以控制；甚至對於生男生女，也有方法加以調整。對於不能生育的有偶男女，科技也能找出是男或女的責任來，不再習慣地將不孕完全歸爲女人的罪過。在1990年以前，凡受過高等教育的夫妻，通常喜歡生一男一女；1990年以來，僅生一個孩子的夫妻也漸漸多起來。

四、職場的激烈競爭，使有偶女人往往在職業與生兒育女之間作選擇

　　1990年代以來，台灣已由工業社會，進展到e-化服務業爲主流的社會。在這種社會，職場競爭相當激烈，尤其很多具鐵飯碗、銀飯碗或金飯碗的職業已不存在。由於電子科技的突飛猛進，如果離開職場，回家生育，三、五年後，想再回職場，又是一番激烈的競爭，致很多有偶婦女寧選職業而不選生兒育女，於是生育子女的數目更少了。

五、「養兒防老」觀念的破碎

在二千多年來，「養兒防老」是中國社會流行的觀念。為父母的，即使過著牛馬一樣的生活，也要養育子女，以便老年時，有人照顧。可是這一觀念被流動性高的工商業社會所否定了。在農業社會，全家住在一起，有彼此照顧的機會；在工商業社會，核心家庭較多，大家庭變少，子女居住要隨工作場所而定。兒女成年結婚之後，多搬出去居住。當他們結婚成家後，為這個家的生活，孩子的教育已費盡心力，哪裡還有力量去照顧年老的父母。有些兒女依靠父母的薪資，甚至退休金去外國留學，待學成之後，大半留在國外成家育兒，也沒有力量照顧老家的父母。處在這種情況，為人父母者，到老時還要靠自己。近年來，有種反傳統的觀念，認為養育兒女也是一種投資行為，由於投資有多種，為父母者就有了選擇的機會。

1. 將儲蓄全用於兒女的生育與教育費用，不考慮自己的未來，而自己的未來，要靠兒女的照顧，這種打算誰也不能保證。
2. 將儲蓄用作能孳息的投資，在有生之年，一部分用於人生享樂，如美食、旅遊等，一部分用來養老，不依靠子女奉養，因為子女也有難處，不可靠。

於是這種投資方式成了不少高級知識分子的主要選擇。

六、離婚率大幅提高

正因為男女職業機會平等，個人意志愈來愈重要，為妻者不會為生活，屈從丈夫的一切要求，也因此，當兩人意見不合時，便訴諸離婚；離婚後，所生子女往往由女方撫養，造成女方經濟負擔的沉重。為未雨綢繆，結婚後，女方往往拒絕生孩子，或僅生一個孩子。自1990年代以來，有不少青年戀愛不結婚，同居也不結婚，即使結了婚，也不願生孩子，以免成為生活上或工作上的累贅。因此，造成新生兒童數量的不斷減少。

七、在工商業社會，職場是競爭的，子女升學也是競爭的

為使子女進入理想的學校，為父母的，不得不跟著參與這場競爭，結果，從幼稚園開始，就為子女聘請家教，學才藝；而一般私立學校，學費之高令人興嘆。在台灣大城市，讀幼稚園的學費竟同讀大學一樣高。這也使年輕人不敢結婚；或結了婚，也不敢生兒育女的重要理由。

以上這些因素，會使生育率降低，即使死亡率不降低，也會使自然增加率降低。

第六節　台灣家庭計畫目標的改變

自1990年代以來，工商業社會變化很大。在台灣，最明顯的現象是少子化現象愈來愈嚴重，而高齡化也愈來愈是個社會問題。後一問題的出現是經濟發展到某種程度的必然現象，但是少子化現象卻是一般人料想不到的社會經濟問題。少子化現象的產

生不是因戰爭、天災或疾病，而是因一般及齡男女的自願。這種
現象在中國歷史上罕見，在世界上的先例也不多。就台灣情況而
言，如果讓少子化現象依目前的趨勢演變下去，50年之後的台
灣，不知會變化成什麼模樣。這既非杞人憂天，亦非危言聳聽，
而是你我所見到的事實。面對這個事實，台灣家庭計畫機構的功
能何去何從？值得大家深思。

　　過去，家庭計畫「節制生育」的功能已成歷史陳跡。今後，
家庭計畫該是以「增加生育」為努力的目標。我們已發現：教育
水準愈高，生育兒女會愈少；職場競爭愈激烈，生育兒女的慾望
會愈低；流動性愈大，生育兒女也會愈少。在全球化的世紀，人
口流動會愈來愈大，尤其具專業技能的人更是如此。在一般職
場，不再有鐵飯碗的職業存在。同時，一般人的教育水準會愈來
愈高，也會愈來愈專，唯能如此，才能有持續工作的機會。

　　面對這個事實，台灣家庭計畫應考慮的問題為：

1. 外籍新娘的移入是否會減緩生育率的下降，它會維持多
   久？
2. 什麼是最有效的措施來提高生育率？
3. 政府對非婚生的嬰兒，是否應有適當的辦法？
4. 對老年人的安養需有更妥善的辦法，不宜全靠政府的補
   助。一個人若有財產，不宜全部遺留給子女，因為子女也
   無力或不願奉養倆老。若交由政府專司機構持有，則可依
   個人財產大小，作不同程度的補助和安養。

第六章
人口高齡化及其影響

第一節　人口高齡化現象之統計觀察

　　所得水準的提升，醫藥衛生的增進，人類的生命就愈來愈長。20世紀初，「人生七十古來稀」！20世紀末，人生已變爲七十才開始。一般人的生命歲數，今非昔比，也因此社會上長壽的人愈來愈多，社會上高齡化現象也就愈來愈明顯。社會中老人變多了，對社會與經濟都會產生顯著影響。

一、高齡化社會的定義

　　高齡化是年齡歲數變大的一種過程。人的年齡一年增長一歲，歲數變大到幾歲以上才算進入高齡化？大部分國家是以65歲爲基準，台灣當然也不例外。然而，對老人的看法，可從各個不同層面著手。生理上的老人，是指身體上機能的退化；心理上的老人，是指沒有求新的欲望、動機，態度保守、固執；社會地位上的老人，是指在社會上的地位與角色的變化，從主要變爲次要、甚至變爲不重要。生理上、心理上與社會地位上的老人，與

年齡上的老人是有關係的，但在歲數上就無法與65歲完全吻合，之間存有差距。

一個社會一定會有老人，但是否為高齡化社會，取決於老人人口的比例；凡越過某個門檻比例的社會，就為高齡化社會。依聯合國之定義，65歲以上的人口占總人口的比例在4%以內者，為青年人口社會；在4%以上、且在7%以內者，為壯年人口社會；越過7%者，就可稱為老化人口社會。依此定義的高齡化社會，在界定時比較簡單，也利於國與國之間的比較。

以老年人口越過7%的方式定義高齡化社會，實際上是反映人口年齡組成的變化。人口年齡組成會隨出生率與死亡率的變化而變化，當出生率高而死亡率低時，幼年人口的比例會上升；當出生率變低時，幼年人口的比例就開始下降。高齡化社會的到來，需經一段較長的歲月，如三、四十年後，因生命餘命的延長，才會出現人口高齡化；一旦出現，就產生不可逆轉性，社會上老年人口會愈來愈多，老年人口比例會不斷上升，高齡化的社會問題也會愈來愈嚴重，如老人生活保障問題、老人健康醫療照顧問題等。也就是說，社會中不但老年人多，而老年人又多是老老人。高齡化的比例持續提高，意味著人口結構的高齡化。

二、從人口年齡組合結構看老年人口比例與成長

從老年人口所占比例分析，台灣在1978年之前的階段，為青年人口的國家。1979年老年人口的比例越過4%，正式進入壯年人口的國家。台灣老年人口比例持續緩慢上升，1994年正式越過7%，為老年人口之國家，社會變為高齡化的社會。

台灣老年人口比例不斷持續上升，就表示在人口年齡組成

上，老年階段的人口增長率高於總人口的社會增長率。圖6.2顯示總人口增長率是呈遞減走勢；而老年人口增長率先呈遞增走勢，在1980年代維持高增長態勢，進入1990年代也呈下降走勢。總人口與老人人口增長率的走勢南轅北轍；不但如此，兩者差距隨年遞增，1990年代之後仍存有較大的差距。

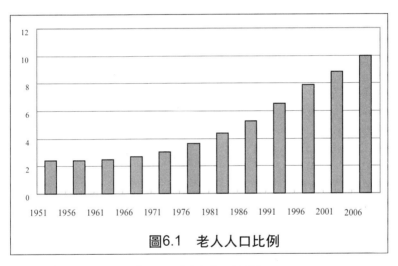

圖6.1　老人人口比例

資料來源：內政部，《人口統計年報》，2007年。

　　按人口年齡組成分類後比較，就有高齡化指數與扶老比兩個指標，高齡化指數為老年人口與幼年人口之比例；而扶老比為老年人口與青壯年人口之比例，這比數可表示社會上平均每位青壯年要負擔多少位老人的生活。若比值為0.05，表示每20位青壯年扶養一位老人；若比值為0.2，表示每5位青壯年扶養一位老人。由此顯示，比值的高低反映社會負擔的大小。台灣扶老比的變化，由青年人口之社會進入壯年人口之社會、而再邁入老年人口之社

會，扶老比就呈持續上升走勢。1971年之前皆在5.2%以下，表示至少青壯年每18位扶養一位老人，基本上不會構成負擔；之後，扶老比快速上升，1986年為8.04%，2006年為13.91%。在高齡化指數方面，由於台灣在1950年代為高出生率，幼年人口比例不減反增，也因而導致高齡化指數下降；出生率下降後，再加上生命餘命的延長，高齡化指數就呈快速增加，由1961年5.44%，增到1986年18.21%，2006年變為55.17%[1]。指數上升速度為何如此快速？就是因於幼年人口比例下降與老年人口比例上升的兩股力量所導致。

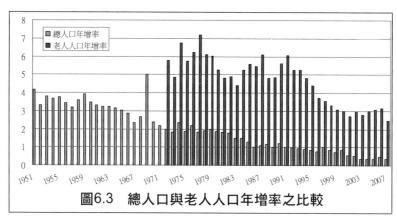

圖6.3　總人口與老人人口年增率之比較

資料來源：同圖6.1。

當一國人口進入高齡化社會後，由於人口年齡組成的不可逆轉性，則老年人口比例會持續上升。依經建會所做的人口預測中推估[2]，2026年時老年人口為476萬人，比例越過20%；2040年時

1　參見第三章的「表3.6」。

2　此推算的基礎是依2005年底資料。

老年人口為640萬人，比例越過30%；2047年時的比例就可越過35%，老年人口數為691萬人。依經建會推算結果，台灣在21世紀前半世紀，老年人口在持續增加中，比例也在持續提高中，都未見回轉現象。在將來，高比例的老年人口，對台灣社會確實是一個大問題。

第二節　造成人口高齡化的因素

造成社會人口高齡化的因素有二，一是人的本身壽命，人的年齡活過65歲以上者，愈來愈長，此為年齡高齡化，或稱歲數高齡化；另為人口中老人比例，若社會老人少死，嬰兒少生，就會造成人口結構上的高齡化。

一、平均壽命（生命餘命）之延長：歲數高齡化

若一個社會，因於某些因素，人的壽命都未能越過65歲，這個社會當然就無老人，更不會出現老化社會。之所以會有老化人口社會，首要條件便是人的壽命超越65歲；而能越過65歲的人在社會愈來愈多時，老人社會於焉產生。人類拜科學所賜，醫藥發展，營養攝取充足，環境衛生改善，疾病預防齊備等，若不發生意外，人會愈活愈長，越過65歲者似乎成為一件輕鬆平常的事。然而，導致醫藥科技進步等等之因素，都可歸結於所得水準的提升。有了更高的所得，對疾病預防與治療的研究，就可支持科學更加進步與環境衛生更加改善。

人類生命的長短，可以零歲時的平均餘命來表示，也就是指人出生後的平均壽命。台灣在日據時期，餘命就獲得顯著改善。

據陳紹馨(1979)研究,1906年台灣人的餘命男性與女性分別為27.7與29,1921年提高到34.5與38.6,到1936-40年間為41.1與45.7。國民政府來台後,國人平均餘命持續改善,女性從1951年的56.33持續提高到2006年的81.41,五十餘年來平均餘命增加25.08歲;男性由53.38到74.86,餘命也增加21.48歲。男女的平均餘命都越過70歲以上,台灣的人愈來愈長壽。平均餘命之所以增長,影響因素很多,如科學、環境、對健康重視等,其實這些因素都可歸結在所得因素上。所得水準提高,才會有科學,才會注重環境,才會重視健康,因而人的平均餘命延長了。1951年到2006年間,台灣的人均所得呈遞增式增加,而平均餘命的延長呈遞減式增加,如圖6.3所示。

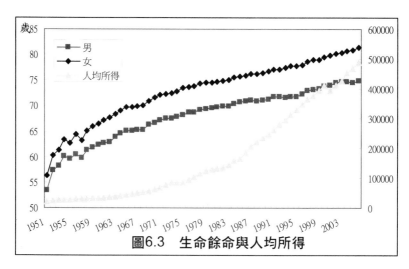

圖6.3　生命餘命與人均所得

資料來源:歷年人口統計年報與歷年國民所得。

　　戰後台灣人口男、女平均餘命(male, female)的持續增長,與人均所得(income)的簡單迴歸關係如下:

　　FEMALE = 3.4615×INCOME + 66.95
　　(11.96)　(103.30) R^2=0.73　F=142.98

　　FEMALE = 5.6929×LOG(INCOME) + 6.776
　　(25.02)(2.56) R^2=0.92　F=626.19

　　MALE = 2.9849×INCOME + 62.848
　　(11.86)　(111.50)R^2=0.72　F=140.55

　　MALE = 4.9250×LOG(INCOME) + 10.775
　　(25.30)(4.75)R^2=0.92　F=640.30

　　這上述迴歸估計式結果,人均所得對平均餘命的延長具有顯著的影響效果,而人均所得對數型態具有較佳的配適,顯示人均所得對生命餘命的延長為遞減式的增加型態。

　　比較男性與女性的平均餘命時,女性活得比男性長久,這點台灣的現象與已開發國家相同。然而,從資料所示,女性活得不但比男性長久,卻產生一種活得愈來愈長久之現象。1950年代初期,性別間平均餘命相差在3歲以內,而後持續擴大,到21世紀初,相差卻在6歲以上。因此社會中寡婦可能多於鰥夫。然而目前台灣社會的鰥寡人數相差不大,2006年65歲以上的人口中,女性只比男性多2.9萬人。相差為何如此的少?係因隨政府在1949年前後來台的軍人而後退役下來之單身榮民所導致。按經建會對

人口所作的預測，老人人口在性別上數量會愈差愈大。2010年老人人數為244.6萬人，但女性多於男性14.2萬人，其比例分別為47.1%與52.9%；2025年的人數分別為458.5萬人與52.3萬人，比例分別為44.3%與54.7%；2040年為641萬人與90萬人，以及42.98%與57.08%的比例；2050年為693.4萬人與106.8萬人，以及42.30%與57.7%的比例。今後50年，台灣的女性老人比例會大幅增長，對女性老人所給與的關注，宜要大於男性。

二、人口年齡結構演變之結果：結構高齡化

社會中人的生命延長後，老人的數量就會增加；數量增加中的老人，若配合數量減少中的幼兒，老人比例就會大幅上升，這種結果導致社會人口年齡結構的改變，也就是說，當社會的人口轉型進入第三階段後，就會產生人口結構高齡化現象。

戰後台灣嬰兒潮出生的人，都將面臨屆齡退休的時候，也就是說，在1947年到1957年高出生率出生的人，在最近的15年內年齡就會越過65歲而為老人。在當時，他們的出生，使得台灣人口結構趨向幼年化；如今，他們面臨屆齡退休，而使台灣人口結構趨向老年化。從幼年化到老年化，需經65年的漫長歲月。在高齡化社會，不但一般人長壽，而長壽的人之比例還會增高。無疑地，高齡化社會是人口轉型的必然結果，台灣自1993年就進入高齡化社會了。

第三節 高齡化社會的問題

高齡化社會的問題，有老人本身的問題，也有人口老化社會面的問題。老人本身的問題，是生命週期現象具體的表示，因身

體變化而到老所帶來或衍生的問題。人的一生，是經由出生、幼年、童年、青年、壯年、老年，而至死亡的過程。人到老時，在經濟資源、社會地位、人際關係、生活安排、身心健康等方面，也都會產生巨大變化，與青壯年時完全不一樣。

　　就老人本身而言，問題重重，但重要者可以四個字來表示老人所面臨的問題：貧、病、孤、閒。老人最大的問題，就是收入不足以應付日常生活的開銷，此即為貧；再就是體弱多病，尤其是慢性病，甚至變成失能，需長期照顧，此即為病；孤獨，沒有老伴，親朋好友也鮮有往來，甚至沒有與兒孫們同住，得不到兒孫們的照顧與關懷，此即為孤；老年時，時間太多，又沒有就業機會，企業主也不雇用，時間安排不當，也不知如何休閒打發，此即為閒。人到老，若在老之前沒有意識到老人的種種問題；既使意識到，但因本身條件與環境因素的限制，無可免除的遭遇到這些問題。一般所歸納出的比較具體的老人問題為：就業機會少，收入不足，無合適的住宅與環境，同時老人所需要的特殊服務缺乏，身心保健設施不足，世代間關係緊張與衝突，適合老人有意義的工作與活動少等。

　　老人問題，就像對樹的概念一樣；若將社會上全部老人的問題予以彙總，就成林的概念。老人本身問題與社會面問題的關係，就如同樹與林的關係一般。老人的社會問題，為何在社會人口高齡化後愈顯突出？這是由於社會結構的改變而來。家庭的組成與功能均在改變，產業結構從農業轉進到工商業；農村相依型的悠閒生活型態轉變為都會獨立型的緊張生活型態；人的價值觀、倫理觀也隨之改變。這些社會的巨變，老人自然會面臨調適問題，而老人安養問題就會產生。於此，我們分別論述老人社會

面的幾個重要問題。

一、健康與醫療問題

　　人老了，不但表示歲數大了，也表示身體器官機能也衰退了。人老，即使給與最好的保健，也不過健康問題延後而已。老人的健康問題，不是有與無的問題，而是時間早晚的問題。身體有疾病，務必要治療；年紀愈大，疾病就愈多，也就愈需醫療。人到老，健康與醫療是個無法避免的大問題。

　　在台灣，疾病已轉型到高齡化與人為疾病階段，主要死因為慢性退化疾病，這正是高齡化社會的必然現象。從內政部對老人狀況調查報告顯示，老人健康狀況不佳者至少有20%，而有65%以上罹患慢性病或重大疾病，其中以循環系統疾病者所占比例為最高，其次為內分泌、骨骼與眼及耳器官之疾病，月看診比例高達六成以上，年住院率也有二成。慢性病者，在醫學治療方面只能提供病症解緩與控制，更需持續配合醫療以免復發與後遺症，需配合復健以免失能，因而老人的醫療為龐大的經費負擔，更何況台灣已產生疾病擴張現象。每人醫療費用與年齡組成別的關係呈現J字型。一個人過了壯年以後，年齡愈大，醫藥費也就愈多。

　　台灣已進入高齡化社會，雖已實施全民健保制度，以減輕老人及其家庭醫療費的負擔，但卻造成社會的重大負擔。21世紀前半世紀，老人人口比例就會高達35%，健保為因應高齡化的台灣社會，應及早規劃設計健全的財務運作體系，不然會拖垮經濟。同時，針對台灣高齡化社會，老人更應活得有品質，而品質的高低決定於健康，平時要有保健概念，注重飲食平衡與運動，宣導預防重於治療的觀念，強化衛教，讓老人活得愈老，愈有健康。

表6.1 老人健康疾病與醫療情形

單位：%

	類別	2005	2002	2000
健康狀況	算好者	33.44	32.95	41.19
	普通者	36.62	22.98	36.62
	為不太好者	22.83	22.10	21.81
罹患慢性疾病或重大疾病情形	有者	65.20	65.73	
	循環系統疾病者	55.16	50.60	34.70
	骨骼肌肉疾病者	26.91	30.08	23.19
	內分泌及代謝疾病者	22.48	21.73	11.44
	眼或耳器官等	12.10	13.18	
罹患慢性或重大疾病治療方法	定期積極看診者	82.81	73.06	
	不定期看診者	9.94	16.24	
	幾乎未作治療者	2.37	3.81	
最近一個月看病情形	曾看病者	65.38	63.40	
	未曾看過病者	34.62	36.60	
過去一年住院情形	未曾住過院者	80.02	79.57	
	曾經住過院者	19.98	20.43	

資料來源：內政部，《台閩地區老人狀況調查報告》。

二、經濟資源問題

老人是否有足夠的經濟資源以度餘年？誰來支應老人的生活？此為老人經濟安全的問題。於此，分別從老人本身、家庭與社會(政府)等三方面來論述。

一個人的經濟資源，以存量言，為財富(wealth)；以流量言，為所得(income)。所得大於支出，儲蓄為正，財富會累積；否則，就變為負儲蓄，財富就會減少。老人依靠自己的經濟資源，不外乎勞動所得、財產所得(如利息、股利等)與處分財產。一般而言，老人大都自勞動市場退休，即使有工作意願，在勞動市場中也為

競爭弱者，因而老人經濟資源就需靠退休之前的儲蓄。若儲蓄不足，或沒有儲蓄，就會面臨生活保障上安全的問題。

老人的另一種經濟來源是依靠家庭，此為家庭內的資源移轉。與子女同生活，或由不同住的子女來奉養，解決經濟資源問題。在傳統上，有所謂「養兒防老」，生兒育女具有買年金保險的替代功能；然而，在當今工商業社會，倫理觀已起基本變化。養老、敬老、尊老，已不再具有普世價值；即使兒孫們有這份孝心，有時也會自顧不暇。家庭養老功能式微。有些老人會失去家庭的依靠，而變成社會問題。

老人最後的經濟來源，就是依賴社會與政府。除慈善機構的捐贈外，最主要來自政府與政府所建立的制度，來保障老人生活。法制面的社會保險、社會救助與勞工退休金之職業年金就是。立法通過即將實施的國民年金也為社會保險體系的一環。除社會保險如勞工保險、公務員保險及私立教職員保險外，老農福利津貼、中低收入老人生活津貼、榮民就養給與，與部分地方政府所開辦的敬老福利生活津貼等，皆屬社會救助。政府反而成為老人經濟資源的最後依靠者與提供者，如此必然構成政府財政上沉重的負擔。解決老人經濟問題，同時又不構成政府財政上沉重的負擔，應建構一套完善的社會安全保障體系。

根據內政部的老人經濟狀況調查，2002年老人主要經濟來源，以子女奉養(含媳婦、女婿)者為最多，占51.72%；其次為政府救助或津貼者，占22.58%；再次者為退休金、撫卹金或保險給付，占17.35%。在經濟狀況方面，以大致夠用者為最多，占64.24%；其次為有點困難需要補助者，占21.53%；而有相當充裕且有餘者，占9.23%；非常困難者，也有4.48%。老人之間貧富差

距頗大，而其中較為貧困者以不識字或低教育程度者居多。

　　然而，最近董安琪（2008）的研究，老人支應消費的財源，從1983年到2003年間，以勞動所得及家庭內移轉為主的型態，轉變為以個人資產重分配與公部門移轉為主的型態，而個人資產重分配與公部門移轉的重要性已凌駕家庭內移轉與勞動所得，似與內政部的老人生活調查結果不一致。無可否認的事實，倫理觀與價值觀的大變動，再加上家庭結構傾向戶內人數減少、老人戶增加，以及在核心家庭為主的型態下老人會與小孩競爭資源，而使家庭內資源移轉給老人變少。公部門移轉重要性的提高，可從1990年代政府大幅增加社會福利支出，就可知曉。

　　家庭養老功能式微，老人更需依賴政府。然而，人口結構的變遷，年齡組成傾向高齡化與少子化，將來納稅的人會變少。2006年扶老比為13.91，依經建會人口中推估資料，2026年變為30.28，2041年為51.26，2050年達66.25，屆時1.4個青壯年就要扶養一個老人。他們要負如此重的稅負，來承擔老人的經濟。若是如此，世代衝突一觸即發。將來，老人經濟資源依靠政府也變得不可靠。最為可靠的，莫過於自己盡早規劃老人的經濟安全，未雨綢繆，進行終生消費的理財規劃。

　　台灣社會中的老人，接受中低收入老人特別照顧津貼者之人數，大約在7,000人上下。完善的社會保險體系為老人生活經濟資源有尊嚴的重要保障。

三、社會調適問題

　　人為群居社會的族群，在社會中，即使不將社會的運作予以階級化，社會實際上也存在各個不同的層次，如主要者與次要

者、地位高與低、照顧與被照顧等，不一而足。人老，因老而起的變化，除身體器官機能從佳境而到衰退外，在社會中的角色也起結構性的變化，從主要者而變為次要者，甚至無足輕重、或為受虐者，因而遭受歧視。如原為職場經濟活動的決策者而變為退休者，生產者變為純消費者，家中經濟的主要來源者而變為受扶養者，原本居於社會化的主導者卻變為被社會化的人。在這轉變的過程中，會使老人產生角色能力不足、角色衝突、新角色無法接受等。老人的社會調適，為必然要面對的問題，社會與有關機關應給與更多的心理與生理上的輔導。

四、居家安排問題

　　家庭為社會基本的組織單位，而人也以組織家庭為其中心，再而從事經濟、社會與政治的活動。在父執輩的觀念中，組織家庭，生兒育女，旨在傳宗接代，養兒防老，晚年含飴弄孫，享受天倫之樂。無奈社會變遷快速，三代以上同住的大家庭型態式微，改以只有兩代同住的小家庭為主。台灣的家庭結構，小家庭由1995年52.4%上升到2005年55.3%，而大家庭則由8.5%降到5.8%；已婚者與父母同住的比例，由1990的26.7%降到2005的16.1%（見伊慶春，2008）。再者，就內政部老人狀況調查資料顯示（見表6.2），從1986年以來，老人與子女同住的比例持續下降，進入21世紀已降到60%以內；而老人與其配偶同住的比例不斷提高，21世紀初就達20%以上。這顯示，因社會變遷、工作與生活壓力等種種因素，孩子長大後離開而建新巢者愈來愈多，留下老邁的一對夫妻守著老巢，若另一半走了就成獨居的老人。當今雖可見到較多老人仍能享受天倫之樂，無庸置疑地在社會中孤獨老

人也就愈來愈多。老人的居住安排確實是一個社會問題。

表6.2 台閩地區65歲以上老人居住方式

單位：%

	獨居	僅與配偶住	與子女住	與親朋住	住安養養護機構	其他
1986年12月	11.58	14.58	70.24	3.03	0.78	0.36
1991年12月	14.52	18.70	62.93	2.42	1.19	0.24
1996年12月	12.28	20.63	51.12	1.41	0.90	0.50
2000年4月	9.19	15.11	67.79	1.28	5.59	1.00
2005年8月	13.66	22.20	57.28	0.76	2.26	0.05

資料來源：內政部編印，《老人狀況調查報告》。

五、休閒與照護問題

　　健康的老人，如何充實其日常生活？休閒式的生活型態是要點；不健康的老人，就需他人照顧，因疾病擴張，老人需人照顧的時間反而拉長。對老人而言，無論是休閒也好，照顧也好，基本上已是高齡化社會無可避免的重大問題。

　　較富裕的健康老人，因不受財力所限，可從事高消費支出的旅遊活動。然而，在政策面上，建議從社區營造與服務、老人教育與人力再運用等方向來釐訂措施。

　　老人照顧問題是一項在高齡化社會無可避免的大問題。老人按日常生活功能指標(activities of daily living, ADLs)如洗澡、室內走動、穿衣服、上下床、如廁與進食六項基本活動功能指標，來觀察失能狀況。失能的老人，就需他人照顧。表6.3按失能項目所列出在各個年齡層的老人失能率情形。老人的失能率，在65-74

歲的比例，男性與女性分別為5.02%與4.93%，75-84歲者分別為
10.26%與14.81%，85歲以上者分別為26.8%與37.34%。失能率隨
年齡而提高，而年齡愈大者，女性失能現象比男性愈嚴重，這也
許與女性平均餘命較長有關。

表6.3　台灣老人日常生活功能(ADLs)按性別分之失能率

單位：%

	65-74歲				75-84歲				85歲以上			
	1-2	3-4	5-6	合計	1-2	3-4	5-6	合計	1-2	3-4	5-6	合計
男性	1.35	0.78	2.89	5.02	2.59	1.75	5.92	10.26	6.86	3.97	15.97	26.80
女性	1.25	0.85	2.83	4.93	3.62	2.32	8.87	14.81	7.71	5.05	24.58	37.34

資料來源：呂寶靜(2008)。

　　失能老人，誰來照顧其日常生活所需？依呂寶靜(2008)的研
究，29.53%的比例是由自己來照顧，13.2%為配偶，27.17%為子
女，包括媳婦與女婿在內，其中較為重要的照顧者為兒子與媳
婦；有26.06%為照顧服務員與外籍看護工，其中外籍看護工的比
例高達12.4%，本國照顧服務員有5.14%，機構照顧服務員也有
7.63%。老人的照顧，是勞動時間密集式的投入，耗錢又耗力，
如此往往造成家庭財務上嚴重的負擔。為照顧老邁的父母，若需
辭去工作，家中就少一份收入；若需雇人照顧，或送進養護機構，
也會產生一筆可觀的家庭支出。2007年失能老人有227,595人。台
灣隨高齡化社會的加深，老人人口比例跟著上升，失能老人肯定
隨之上升。按呂寶靜(2008)的研究，2010年可能約有25萬人，到
2020年高達37萬人。由於高齡化的社會，老人需要人照顧，基於
費用負擔的考量，這就是為什麼台灣外籍看護工會持續增加，相

信外籍看護工往後還會繼續增加。

　　表6.4列出近年來老人長期照顧、安養與養護機構情形,從表中得知,機構數與可供進住數都在增長,長期趨勢的走向理當如此。老人除居家照顧外,適合老人居住與養護的設施益顯重要。因應這方面長期增加的需求,政府應有完善的規劃與獎勵民間投資措施,同時也應考量長期照顧健保執行的可行性。

表6.4　老人長期照顧、安養與養護機構概況

年	機構數			可供進住人數		
	1999	2003	2007	1999	2003	2007
長期照顧機構		20	37		875	1,932
養護機構	183	568	922	5,222	26,730	39,135
安養機構	54	49	43	11,823	11,712	9,424
社區安養堂	20	12	9	587	374	344
老人公寓	4	4	5	821	791	860
合計	261	653	1,016	18,453	40,482	51,695

資料來源:內政部,《內政統計年報》,www.moi.gov.tw/stat/,2008年6月。

　　在高齡化社會加深的台灣,老人安養問題愈益突顯,已成當今社會的重要議題。老人安養問題,包括經濟與社會層面,老人本身、家庭與政府皆須負責,來規劃前瞻性的老人安養與長期照顧的福利政策。

第四節　高齡化社會對社經的影響

一、對國民消費結構的影響

　　一般而言,老人的消費支出水準會低於青壯年,其消費結構與型態也異於青壯年。老人,從勞動市場退休的人,因收入減少,

消費支出跟著減少；然而從生命循環(life cycle)與恆常所得
(permanent income)理論的預期，平滑消費不會造成在退休後消
費支出大幅下滑的現象，但在許多實證的研究上並不支持該理論
的預期。

　　無疑地，老人在消費結構上必然會起變化。因退休，與之前
上班有關的消費支出項目就會減少，如衣服與交通費；因時間機
會成本因素，上班時經常外食，退休後，在家烹煮、自行料理食
物增加，外食減少；也因健康因素，醫療項目的支出會增加，醫
藥費會提高。若得慢性疾病而失能者，需長期照顧，更是一筆相
當可觀的長期支付費用。老人的健康醫療照顧服務，反而成為老
人最大的消費支出項目。

二、對勞動力之影響

　　高齡化社會對勞動力的影響，有兩個不同途徑。老人通常是
從勞動市場退休，既然退休，工作意願當然低，甚至無工作意願。
因離開勞動市場，不再為生產的投入者，而轉變為社會上純消費
者，對生產貢獻相當小。無論是台灣，或是世界其他地區，都顯
示65歲以上的人，勞動參與率是最低的一群。另一種影響來自於
人口結構的變化。在高齡化社會，老人人口比例持續增加，使得
青壯人口比例受到影響，進而降低整體勞動參與率。

　　勞動參與，是個人所得中最為重要的來源，同時也可減輕政
府財政負擔、增進經濟成長。因而進入高齡化社會，對延遲退休
與增加高齡者就業機會，就成為在勞動市場中重要議題。台灣中
高齡人失業率偏高，雖然新制勞工退休金條例，已排除企業對中
高齡勞工就業的障礙，可增進雇主雇用中高齡勞工。然而，面對

台灣高齡化社會的加速現象，一套完整的聘雇銀髮族的獎勵措施是有其必要性。

三、銀髮產業的興起

在高齡化社會，老人人口愈來愈多。老人有其特殊需求，如此也形成老人特定產品的一股強勁市場，頗具商機，可促成銀髮族產業的興起。

與銀髮族有關的產業，包括銀髮族健康照顧服務、醫療器材、健康食品、藥品與老人用品如紙尿褲等。

四、社會福利制度

高齡化社會，由於老人人口比例持續上升，無疑地也持續增加政府財政負擔，不利於經濟成長；甚至有人認為社會福利處理不當，會拖垮經濟。事實上，社會福利制度的設計與運作模型對經濟會造成相當可觀的影響。

社會福利制度，與高齡化社會有關者，以社會經濟安全體系（退休後經濟保障）、健康醫療保險體系及老人福利服務三項為主。在經濟安全體系方面，皆以三層結構來論述，最底層者為國民年金，理論上為政府責任，以強制性社會保險為主。台灣是以職業別方式建構社會經濟安全保險體系，如公教類之公教人員保險、勞工類之勞工保險、軍人類之軍人保險、農民類之農民保險、私立教職員類之私校教職員保險等。為了廣泛提供無職業者之老人生活經濟保障，2008年政府頒布國民年金實施辦法。第二層的保障為職業年金，針對企業員工，以強制性立法方式要求企業負起社會責任，其中較為重要的法律為公教人員退休撫卹條例、勞

動基準法與勞工退休金條例。勞工退休金條例於2005年完成立法，將依勞動基準法中所規範的原先退休金制可選擇轉換爲個人帳戶制與年金保險制，給付制度由確定給付制（defined benefit plan）轉變爲確定提撥制（defined contribution plan）。個人帳戶制，如同公教人員退休時般，可選擇請領月退休，如此更能保障老人生活的不確定性。第三層保障爲個人年金，這完成決定於個人理財與其財務管理。第三層保障爲市場機制，決定於個人財力，爲個人自由選擇的結果。

　　若社會保險體系不足以保障國民經濟安全，公共救助爲其輔助體系，如各種的生活津貼、敬老津貼與補助等皆屬此類。

　　在健康醫療保險方面，台灣是採全民健保體制。自1994年開辦以來，確實提升國民醫療品質，但也造成財務上的大虧損。財務運用效率固然有提升餘地，但因台灣的政治生態，卻在保費調漲上產生諸多困難。然而，高齡化社會的到來，醫療費用所呈現的在年齡層上 J 字分配型態，可預期的：隨老人人口比例提升，醫療費用支出也跟著快速水漲船高。健保的虧損，最後還是全民買單，政府最後勢必要負起全部責任。健保財務的健全性與自主性，是一項國人所不可逃避的問題，愈早進行完善規劃與執行，愈是全民之福。

　　老人福利服務，爲政府行政部門社會福利的一環，爲政務支出項目。老人福利服務項目，計有：電話問安、關懷訪視、居家服務、餐飲服務、陪同就醫、日間託老服務、免費健康檢查、老人保護、住院看護補助、長青學苑與老人大學、進住老人安養與養護機構等。隨著老人人口的增加，老人福利服務的工作也益顯加重。

　　台灣自1990年代以來，政府在社會保險體系方面已不斷從制度面予以強化其完整性，如此也造成政府預算上的重分配，加重社會福利支出，也間接造成政府財政上龐大債務的累積。無疑地，因高齡化社會的來臨與健全社會保險體系，政府社會福利的支出，對國民儲蓄、投資、金融市場運作、經濟成長、代間與代內所得分配等都產生既長遠又嚴重的影響。

第七章
少子化及其影響

　　兒童是國家未來的主人翁。一個國家不能沒有兒童，兒童數量與比例也應維持在某一水準之上；若低於某一水準，在人口年齡結構上就產生不平衡，就會產生問題。少子化的社會現象，會使兒童人數或比例逐年減少，而減少到某一水準後，便成為社會關注的焦點。少子化與高齡化皆為人口年齡組成在結構上的變化，為人口轉型必然的結果。台灣已進入人口轉型第三期，無可避免地社會正處於人口高齡化與少子化的過程中。台灣高齡化社會已在上一章中論述，本章則在探討台灣少子化現象問題。

第一節　少子化現象之統計觀察

　　對社會少子化現象的觀察，有許多統計指標可以應用。從人口年齡組成中，可觀察幼年人口比例與扶幼比率。第三章論述三階段人口年齡結構時，就曾分析人口年齡結構的變遷。台灣幼年人口比例，在1960年代初期，曾達總人口的四成五，之後就開始下降，世紀之交已降到二成以下，而扶幼比也從83降到不及25。無論從水準或比例上看，當前台灣幼年人口都處於低檔，而預期

還會繼續再下降。

對少子化社會的統計資料分析，多數以出生率（birth rate）、生育率（fertility rate）與繁殖率（reproduction rate）為主，本章的分析也不例外。粗出生率係指一年中每千人口的出生數，數據計算既容易、且易獲得；生育率可分一般生育率與總生育率，一般生育率係指每千個育齡婦女（15-49）之活產子女數，而總生育率（total fertility rate）係假設世代的育齡婦女按目前年齡別生育水準，在無死亡情況下，度過其生育年齡期間後，一生所生育的嬰兒數；它為所有育齡婦女年齡別生育率的總和，為一種綜合生育指數，接近完全生育指標（completely fertility index）。合理人口替代水準設定在總生育率為2.1，若總生育率低於2.1時，表示少子化現象已浮現。繁殖率係強調女性人口的繁殖功能，也可分毛繁殖率（gross reproduction rate）與淨繁殖率（net reproduction rate）兩種，前者係指每一個或每千個婦女在育齡期間所生的女嬰數；而後者是從毛繁殖率中，除去婦女在育齡期間死亡者。淨繁殖率，若等於1，表示母女數量相當，所生出的女兒數量正好替補母親數量，稱為替代水準；若小於1，表示兩代間人口產生損失，也正是少子化社會的到來。

一、出生率與新增嬰兒人數

圖7.1為台灣地區粗出生率與新增嬰兒人數。從圖中所示，二次世界大戰後，台灣出生率曾迅速爬升到50‰的高水準；自1950年後就呈長期下降走勢，於世紀之交降到10‰以內。隨著戰後出生率的提高，每年新增嬰兒數也同樣快速增加，由不及25萬新生兒增到1950年代超過40萬。此為戰後嬰兒潮時期。

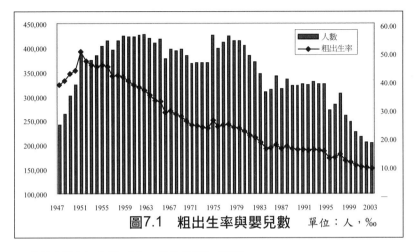

図7.1　粗出生率與嬰兒數　單位：人，‰

資料來源：內政部，《人口統計年報》，2007。

　　1975年之後，戰後嬰兒潮出生的嬰兒，開始進入結婚育兒階段，使年新生嬰兒數又提高到超過40萬，1979年達42.4萬人的最高人數，之後開始下降。1983年新生兒的報到降到40萬人以內，1986年降到30.9萬人，與1979年相比，少了10萬多的新生兒。到1997年之前，每年新生嬰兒數約在32萬上下。1998年又開始下降，新生兒爲27.1萬人，雖在1999年與2000年回升些許，但自2001年起又呈現滑落走勢，由2000年的30.5萬人降到2006年的20.4萬人。年出生的嬰兒數年年下降。2006年與2000年相比，新生嬰兒數減少10萬人，與1979年相比，減少22萬人，少了一半以上。台灣新生嬰兒數的減少，始自1979年。嬰兒數滑落後，似築一個平台，期間約爲一輪生肖，接著又開始滑落。台灣已面臨新生嬰兒數快速下降的局面。

　　另值得一提的，便是龍年的新生嬰兒潮。1976年、1988年與

2000年為龍年，龍寶寶平均多出生3.5萬人，約為當年總新生嬰兒
數的一成。

二、生育率

　　觀察總生育率走勢（見圖7.2），也可知曉台灣人口的變遷，嬰
兒人數的逐年下降。圖中顯示：總生育率的走勢呈長期下降局
面。1950年代初期，因戰後嬰兒潮，平均每位育齡婦女總生育率
曾達7人。1960年代，政府推行家庭計畫，以兩個小孩為理想目
標，同時口服避孕藥問世，總生育率已滑落到5人以下。1970年
代隨著女性受教育水準的提升，以及女性勞動參與率的提高，總
生育率又進一步滑落，1983年女性勞動參與率越過40%，而1984
年總生育率降到人口替代水準2.1之下。總生育率降到人口替代水

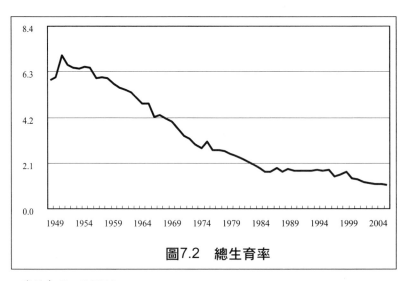

圖7.2　總生育率

資料來源：同圖7.1。

準時，已提供社會出生人數不足的訊息，政府人口政策改弦易轍，以維持合理人口成長為目標。1990年代總生育率下降變為緩慢，是因總生育率已大幅下降了，同時兩岸與異國聯姻的增加，使得總生育率維持在1.7人上下。世紀之交，總生育率又開始滑落，2007年降到1.1人。

　　從表7.1所示，各年齡別育齡婦女的生育率從1966年持續下降，而25-29歲、30-34歲及35-39歲年齡組的育齡婦女生育率從1991年起反而提高，尤其是30-34歲年齡組，它們2006年的生育率仍高於1986年，這種所謂反常的現象也許與晚婚或晚生因素有關。育齡婦女主要生育的年齡仍以25-29歲為主，從表中所示，這個年齡組生育率下降的幅度為最大，由1966年的1.63人降到2006年的0.395人；20-24歲年齡組的降幅也大，從1.37人降到0.215人；30-34歲年齡組的降幅也相對較大，從0.94人降到0.33人。

表7.1　育齡婦女各年齡組累積生育子女數

單位：人

	20-24歲	25-29歲	30-34歲	35-39歲	40-44歲	累積數
1966	1.370	1.630	0.940	0.455	0.190	
1971	1.120	1.385	0.670	0.255	0.080	
1976	1.065	1.200	0.435	0.140	0.040	
1981	0.880	0.985	0.345	0.070	0.015	
1986	0.560	0.695	0.265	0.060	0.010	3.270
1991	0.460	0.745	0.340	0.080	0.010	2.735
1996	0.415	0.725	0.420	0.105	0.010	2.405
2001	0.310	0.530	0.375	0.105	0.015	2.035
2006	0.215	0.395	0.330	0.105	0.015	1.845

資料來源：經建會，台灣95年到140年人口推估簡報，第4頁。

　　1966年屬於20-24歲年齡組之育齡婦女，到1986年時為40-44歲，累積其一生生育子女的平均數為3.27人。從年齡別育齡婦女累積生育子女數觀察，從3.27人持續下降到1.845人，育齡婦女終生累積生育子女數是呈穩定下降走勢。這個走勢，在1981年年齡20-24歲的育齡婦女，就呈現其終生累積平均生育子女數低於人口替代水準，少子化現象已在這個時期的育齡婦女身上呈現。以後每下愈況，平均累積生育子女數愈來愈少。

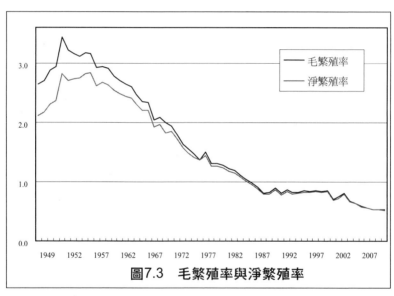

圖7.3　毛繁殖率與淨繁殖率

資料來源：同圖7.1。

三、繁殖率

　　台灣繁殖率的走勢（見圖7.3），與總生育率雷同，呈現長期走低格局，1950年代到1970年代，所呈現的曲線皆有較大的斜坡，

表示降幅相對較大；也是在1984年淨繁殖率降到1以內，表示從那年份起，生育數量不足以替換父母數量。淨繁殖率降到1以內後，有較長的期間維持在0.83左右，1998年起又開始下滑，2007年為0.5173。

四、晚婚與晚產

　　另一種觀察少子化現象的方法，就是觀察社會中女性是否有不婚與晚婚之情形；以及結婚後，是否有晚產與少生之現象。不婚的女性絕大多數是不生育的；晚婚的女性會造成晚產，也會產生少生。若這些情形與現象都存在，少子化便是這些情形與現象的結果。

　　由年齡組別所示的女性未婚比率，逐年提高，在台灣確實存在女性晚婚或部分女性不婚的現象。1980年女性未婚比率，20-24歲者為59.4%，25-29歲者為19.6%，30-34歲者僅有7.7%，而35-39歲者不及4%；到2006年，各年齡組別的女性未婚比率大幅提高，20-24歲者提高到91.1%，25-29歲者提高到63.3%，30-34歲者提高到30.7%，而35-39歲仍未嫁者達17%。1980年20-24歲女性未婚比例約有六成，到2008年竟高達九成；而25-29歲未婚比例卻提高到六成三，比1980年20-24歲之比例還要高，女性晚婚傾向愈來愈高，1980年到2006年的25年顯示至少向後推延5年以上。女性晚婚現象在台灣已很普遍。

　　高年齡仍未婚者，就有較高機率傾向不婚。35-39歲高育齡年齡的女性，2006年仍有17%未婚；即使他們在往後歲月結婚，由於已進入高齡產婦期，必然是晚產、少生或不生的結果。

　　在台灣，隨著女性晚婚的加深，女性第一胎生育年齡的歲數也提高，由1980年的23歲提高到世紀之交的26歲以上。就每年出

生嬰兒胎次予以比較，第一胎者比例大幅提高，第二胎者大致不變，而第三胎者大幅降低。由此顯示，第一胎比例大幅提高的來源，為第三胎比例降低所轉移來的。第一胎的比例，由1980年的36.4%提高到2006年的52.7%，共提高16個百分點；而第三胎者由32.5%降到8.9%，共下降21.6個百分點。家庭平均兒童數逐年下降。

表7.2　女性未婚比例與生育胎次

	女性未婚比(%)				第一胎生育年齡	出生嬰兒胎次(%)		
	20-24歲	25-29歲	30-34歲	35-39歲		第一胎	第二胎	第三胎
1980	59.4	19.6	7.7	3.9	23.0	36.4	31.1	32.5
1990	74.4	32.0	12.3	7.5	24.9	43.0	36.0	21.0
2000	84.1	47.5	20.8	11.3	26.2	46.6	36.7	16.7
2003	88.0	55.8	25.1	13.8	26.7	51.3	36.6	12.1
2006	91.1	63.3	30.8	17.0		52.7	36.2	8.9

資料來源：內政部，歷年人口統計年報。

　　我們無論從粗出生率、生育率、繁殖率與新生嬰兒數統計資料，與女性未婚資料，及第一胎生育年齡、出生嬰兒胎次等資料，分析顯示：台灣卻已來到少子化時代。新生嬰兒逐年滑落，幼年人口比例持續下降，家庭兒童數減少，嬰兒數量不足以替換父母數量，產生人口衰退與人口損失。提高生育水準，應為當下政府施政時主要且積極的政策。

第二節　造成少子化的因素

　　醫學發達的今天，夫妻可經由各種途徑來避孕，理想的子女數是可選擇的。兒女生多生少是選擇的結果。少子化現象，為人

口轉型的必然結果;其實,少子化現象,是父母在生育問題上選擇行為所產生的結果。台灣社會,為何會產生少子化現象,必然受許許多多因素的影響。以前學者對生育影響因素的探討,大都將之歸類為總體與個體因素,在總體方面,以經濟、社會與文化條件,以及環境因素為主;在個體方面,以個人的生理、心理與行為為主。本文對台灣造成少子化因素的探討,集中在觀念與價值觀、家庭功能,及孩子養育成本與效益等層面來分析。

一、觀念與價值觀

人對事或物重要性的看法,可呈現出其價值觀。對一件事或物看法的轉變或改變,不但呈現出不同的價值觀,基本上觀念也改變了。觀念與價值觀的改變,通常是一件漫長的過程,有時要經過好幾世代的,它會隨著環境的變遷而改變,如從農業農村社會的大家庭而轉變為工業城鎮社會的小家庭,因人的生活型態、作息方式發生改變了,自然對周遭的事與物重要性的看法也會改變。台灣戰後的經濟發展,已歷經60年,可以說已經過了三代,很多事與物的看法在這三代間必然截然不同,如在大家庭中特別講求寬容,然在核心家庭中自我意識的實踐與表現特別受到重視。在大家庭中,老人含飴弄孫,享受天倫之樂;在核心家庭,老人可能失去依靠,家庭可能為頂客族[1]。

在這60年的經濟發展中,台灣社會確實對許多的事與物的價值觀與觀念改變了。在農業社會,家庭不但是消費單位,也是生產單位。為了農耕,就需勞動力的投入,而勞動力的主要來源,

---

1 指雙薪而無孩子之家庭。

不是外傭，而是來自於家庭的自我生育。也因如此，社會產生重男輕女的觀念，生男者，預期家中會多一個幹活的人；而育女者，是替別家養育勞動人口。多子多孫多福氣，便是在這方面觀念上最佳的寫照。在工商業社會，家庭只為消費單位，不是生產單位，因而根本就沒有家庭生產勞動力不足的問題存在。

　　由於社會在改變，生兒育女的價值觀與觀念也會隨之改變。這改變雖是漫長的過程，也許我們感覺不到、發掘不易；但就60年的頭尾相比較，卻會發現之間差異顯著。孩子的重要性，在養兒防老、傳宗接代方面，已起了結構性的變化；在性別方面，不再強調重男輕女；在女性方面，新女性主義抬頭，自主意識加強；在社會風氣方面，崇尚自由主義，追求品味生活。這些都造成當今社會少子化形成的因素。然而，對觀念與價值觀影響最大者，莫過於教育。教育使人的觀念，開放、自由與自主，打破傳統，接受新的事與物，對女性思想束縛的開放影響尤大，進而影響女性對生育的觀念。教育在台灣已是非常普及的事，女子受高等教育後，當然就會改變生兒育女的觀念，這是千真萬確的事實。

　　傳統上，家庭是人最安全的避風港，它在沒有保險社會中充當保險機能，養兒就可視為一種買保險的投資以防老，然而這個避風港的功能在現代化社會中漸形不彰。金融機構的發達，國家對老人社會保險體系的建立，可局部替代其保險功能；再加上孝道的價值觀在社會中式微，養兒也不足以防老。當今要為父母者，生兒育女的動機已不再是為了養兒防老。

　　傳宗接代者，在現代化社會中更為淡薄。為了宗嗣香火動機而生育者，已鮮矣！在開放、自由的台灣工商社會中，自主意識抬頭，功利主義盛行，青壯年人口大都以自我為思考行動的出發點。

　　重男輕女的觀念，除了來自於傳統的價值觀外，另一部分也受傳宗接代的影響。生育直到有男孩的觀念，在現今社會也已少見。為了扭轉社會風氣與觀念，在1970年代所推行的家庭計畫，曾有女孩男孩一樣好的宣傳詞。當觀念形成後，男孩女孩也就無所謂孰重孰輕了。

　　在台灣，女權意識蓬勃發展，新女性主義抬頭，女性不再只是個家庭主婦，女性大多為職業婦女，他們走出家庭，追求經濟獨立，在職場上表現並不低於男性。女強人者，在台灣比比皆是。為厚植在職場上的競爭，與不失去競爭機會，就會影響生育數量，如此便是為何產生女性晚婚、晚產、少生與不生的主要理由。

　　崇尚自由主義，追求品味生活，自我享樂，不要受孩子束縛。他們追求愛情，不論婚嫁；若論婚嫁，不談生育，雅痞與頂客族是最佳代表。教育的普及，已使台灣青少年皆能受到良好教育，他們也都有自我的想法與作為，追求圓滿人生，提早進行生涯規劃。受教育年限延長，立業後經濟有所著落，才會談及成家事宜，在台灣晚婚已是一件很普及的事，男性通常在30歲以後，而女性則在28歲以後。

　　在1960年代與1970年代，政府積極推行家庭計畫，進行移風易俗的工作，力求生育數量的下降。現在社會普遍接受的家庭，其觀念已在社會中形成，因具有不可逆轉性，對生育有計畫的家庭觀念對生育數量具有支配的力量。

二、家庭功能與結構

　　家庭功能在家庭成員之間的凝聚力，成員之間的相親相愛，互利互助，家庭為人生最優的避風港。然而，當今離婚率的提高，

直接衝擊著家庭功能。孝道式微,家庭也散失了具有養兒防老的
保險功能。不過發達而又有效率的金融體系,還有政府的社會福
利體系可發揮替代作為。

　　家庭結構的變化也會影響生育數量。在大家庭,大家相互照
顧,可多生育;在小家庭,就無法得到家族大愛的施惠。在大家庭,
由長輩或姑嫂代為照顧兒孫;在小家庭,全是為人父母者的負擔。

三、育嬰成本與效益

　　成本效益的分析,屬於經濟層面。對生育行為的決定模式,
從諾貝爾經濟學獎得主Gary Becker推介以來,經濟分析已扮演重
要角色。理想的子女數是可控制的,是可選擇的。在避孕方法不
具科學性時,常以道德勸說方式,以禁慾來節育,現在已有各種
各式的有效避孕途徑。

　　從經濟分析的角度,影響生育因素,在於偏好與機會,而機
會決定於所得及價格(養育成本)。經濟學家建立一個受預算限制
的生育效用函數,分析影響育嬰的成本與效益。子女無法從市場
購得,世界各國都禁止孩子交易,並將視之為違法行為。因而子
女就需靠自己來生育與養育。

　　偏好是表示對一事與物喜好的程度,你消費了它,在主觀上
可獲得滿足感的高低。喜好程度強,消費所獲得的滿足感就高,
效用就大,就呈現出較強的偏好;反之,偏好就弱。對一事物,
偏好愈強,你會愈喜愛它,就會愈想消費它,或擁有它。父母對
孩子偏好的強弱,會影響生育數量;對男孩的偏好若大於女孩,
就產生重男輕女的現象。父母對孩子偏好的強弱,受社會價值、
觀念、文化、風俗、習慣、宗教、社會結構、生活型態等諸多因

素的綜合影響。無庸置疑，台灣歷經60年的經濟發展，社會與經濟結構發生巨大變遷，因而觀念與價值也改變了，工作與生活型態亦迴異了，尤其女性，自主意識的提高，追求個人經濟的獨立，勞動參與率節節上升，已越過50%。她們追求自我享樂，盡量減少孩子束縛與負擔，顯然現代女性對孩子偏好程度已減弱，如此造成她們為何晚婚、晚產，甚至不生的主要原因之一。

在農業社會大家庭中，生育與養育孩子費用相對較低，嬰兒可由家中其他成員幫忙照顧，傳統看法上，認為家中多一個人，只不過多了一雙筷子而已，所費不多。在現代工商業的家庭為核心家庭，其情況完全不是如此，家中多一個孩子，家中的支出、秩序與運作完全受影響，由誰來照顧嬰兒，便是一個大問題。由母親親自來帶，家中就少了女主人的薪津；由保姆來照顧，就多了保姆費的開支。無論是女主人自己照顧，或是請保姆照顧，都造成家中收入的減少，或開支的增加。職業婦女，想到帶孩子與照顧孩子這類問題時，對生育就會產生卻步現象。更何況嬰兒本身就需要種種的其他開支。

孩子的生育與養育，尤其在幼年時代，是時間密集（time intensive）與財務密集（money intensive）的投入；養育子女，不但時間長，費用更為可觀。母親從懷孕開始，就會發生與肚子裡的胎兒有關的費用開支，如產前檢查等；嬰兒出生後的開支，更為龐大，如嬰兒食品、衣著、保健衛生、看護時間投入的保姆費，接著教育費緊跟在後，上幼稚園、國小、國中、高中、大學，甚至研究所等。無庸置疑，生育與養育子女是一項高費用的開支，它會排擠家中對其他項目的開支，也會對家庭構成沉重的負擔，也因如此，會使為人父母者望而卻步，不敢多生，甚至不生。根

據一項最新的調查發現 [2]，30-45歲沒有小孩的已婚者，有26%沒有生育意願，而有61%想生育而認為時機未到；已有一個小孩的夫妻，有70%不想再生。決定不生或不想再生第二胎者，有51%認為養不起，有8%認為事業太忙，無暇照顧。就經濟能力考量，有46%認為只能負擔兩個小孩，有24%認為只能負擔得起一個小孩。從上述調查資料顯示，養育孩子費用的高昂，為造成少子化現象的重要因素之一。

　　一般而言，生育與養育者，在時間投入上大都落在婦女身上。職業婦女的時間，為稀少性的資源，對其最終使用與投入上為競爭性的替換。婦女將時間多投入於生育兒女上，會造成離開職場的下場，如此就犧牲了勞動所得的收入；也會減少在職場上人力資本的投入，甚至影響往後的升遷與就業。對婦女言，生育子女須付昂貴的代價，受教育愈高者，代價也就愈高，這就是為什麼受愈高教育的婦女，生育率愈低，就是受此成本的影響所作出的抉擇。對於這種情況，台灣也不例外。

四、生育(多生)政策激勵措施

　　1990年代初期，人口政策就已改弦易轍，以維持合理的人口成長。在總人口仍繼續增加之際，總生育率已降到替代人口水準的2.1之下，淨繁殖率已降到1以下，人口損失不斷發生，社會上出生嬰兒不足以替代媽媽角色。世紀之交，台灣青年人之晚婚、晚產與不生的現象愈加嚴重，少子化現象已是不爭的事實。針對少子化社會的來臨，政府多項生育激勵措施，如：

2　2005年6月15日《聯合報》。

1. 建構兒童教育與照顧服務體系，並落實整合托兒、學前教育及學齡兒童課後服務；
2. 建構平等普及之育兒制度，並降低家庭負擔，以提供育兒家庭之經濟支持措施；
3. 建構生育及養育優質環境；
4. 開創友善家庭、兼顧育兒與就業之工作條件；
5. 加強生育保健服務，預防遺傳性等疾病，建構性別平等環境，防止嬰兒性別比例失衡；
6. 增進兒童福利，維護其身心健康及正常發展，健全收養、出養制度，以落實支持家庭照顧能力；
7. 尊重婚姻、家庭及養育子女之多元價值觀，並將之納入教育內涵，以改善婚姻機會與提倡兒童公共財價值觀。

2008年5月國民黨重掌執政政權。總統選舉期間，馬英九總統提出多項生育激勵政策，其中最受社會關切者為育嬰留職津貼的部分，無論是領六成薪，領半年，或將請領期限延長到二年，無疑地都將造成企業經營成本的增加與政府財政的負擔。

上述激勵生育的政策，會使台灣生育率提高？我們持非常保留態度。當社會對自我、家庭與孩子的價值觀念形成後，要想改變，是一件極艱難的再造工程，因觀念在短期中具有不可逆轉性。當下的青年人，仍以自我為中心的行為，在個人主義風行下，不願受孩子的束縛，追求自我享樂為上。政府所實施的生育激勵政策，多偏重短期生育的補貼，如給與育嬰假、生育津貼、扶養人口扣除額、補貼房價、補助養育教育成本等，來鼓勵生育。這種補貼措施，當然是從生育與養育的價格（成本）層面切入，期以

降低生育與養育成本，以提高生育水準。然而，父母對孩子生育的成本考量，不僅僅在短期上對生育與育嬰的投入，更多的在於往後的教育投入。政府給與生育3到5萬元的補貼，育嬰給與二年留職津貼，如此就會打動年青人的心，開始增產報國？我們仍持保留態度。我們認為政策的激勵效果有限。要用政策提高生育率，是有困難的；如求生育率不持續下降，亦是難得。

台灣生育率快速下滑，已是不爭的事實。快速下滑的生育率，在台灣人口年齡組成上已產生不合理的結構。目前激勵生育的有關政策，未必有效，仍有更加周延與完善之處；此外，建議應將移民政策納入人口政策中，適度開放與鼓勵外來人口移民台灣或來台工作，不但可補充勞動力，提高經濟產出，還可緩和生育率的下降。

第三節　少子化對社經的影響

一、少子化加速社會高齡化的發展

人口轉型進入第三期時，高齡化與少子化是社會必然的結果。然而，生育率的快速下降，表示社會上幼年人口的比例也快速下降；由於幼年人口是總人口的一部分，快速下降的幼年人口，反而提高了老年人口在社會中人口的比例，如此卻加速社會人口的高齡化。這就是說，社會少子化的速度若加快，同時也會加速社會的高齡化。

台灣在1993年老人人口比例超過7%，預計在2019年會增加一倍，達15%。達到這種水準的轉化過程，法國花了131年，瑞典88年，義大利63年，英國51年，美國66年，德國44年，台灣預計只花26年。台灣在2005年老人人口比例為10%，預計在2025年會

增加一倍，達20%。轉化過程所花時間，法國為76年，瑞典63年，義大利42年，英國74年，美國63年，德國58年，台灣預計只花20年。在轉化過程上台灣為何如此的快速度，其中與少子化關係密切。1993年幼年人口比例為25.14%，到2005年為18.70%，預計在2019年為12.31%，2025年為11.42%。從1993年到2019年，幼年人口的比例下降12個百分點，足足大於老人人口比例上升的7個百分點；從2006年到2025年，幼年人口的比例下降雖不足10個百分點，但仍有6個百分點。從1993年到2025年幼年人口比例共下降13個百分點，而老年人口比例的上升卻是13個百分點，也就是說老人人口比例的上升，是完全由幼年人口比例的下降所轉換的。少子化的現象愈快速，社會上高齡化的現象也是跟著快速。

二、少子化會使社會更加失去老年人家庭養老的功能

少子化的結果，必然會造成將來勞動力的減少，而使總體經濟產出也隨之減少。然而，少子化對社會衝擊較大者，在於老人的家庭依恃。生育率長期低於人口替代水準，就呈現將來老人失去家庭支持的現象愈來愈嚴重；淨繁殖率為0.53，就表示將來有47%或以上的老人無子女以為依靠（見陳寬政，2008）。老人的家庭支持面臨挑戰，勢必轉為社會支持，成為今後政府財政上相當嚴重的負擔；而政府財政的收入，主要來自於勞動工作者。如政府財政負擔擴大，而勞動參與人口滑落，相對上人均勞動者的負擔就更加沉重了。

三、對教育事業發展的影響

生育率的降低，出生嬰兒數的減少，當然直接衝擊學齡人

口。出生嬰兒數,由1970年代的每年超過40萬人,減到1986年後的超過30萬人,再減到2006年的20萬人,致使國民義務教育的各學校都面臨入學人數不足的危機。學校班級數不但遞減,班上人數也下降,造成教育資源嚴重閒置。當今社會的重要問題之一,就是所謂的「流浪教師」,初估有數萬人之多,他們想教書,卻得不到應聘而失業,他們是在少子化衝擊下的首要受害者。

時序漸進,少子化就會很快影響國中、高中(職)、大專院校。大專院校在1990年代後期與世紀之交大量擴充。2007年入學考試時就曾發生總分18分就能上大專院校的荒唐現象。少子化現象對大專院校的影響將逐步加深,現已產生某些院校招生不足,甚至有些學校,可能因招不到學生而倒閉。

少子化對教育事業的衝擊,應予以正視。教育資源宜配合學齡人口的變化作適當調整,其運用建議由過去在量的擴充上,轉為將來在質的提升上。可能面臨閒置的設備、建築與資源等,盡其可能充當其他用途,或作為老人大學的運用,以讓國家資源作有效率的配置。

四、衝擊與子女消費有關的產業

產業發展,深受消費規模的影響;而規模的大小,除受所得影響外,消費人口群的大小也是重要的。少子化的現象,使得原本以嬰兒、兒童為消費對象的產業,因消費人口群變少了,也使有關產業的存在產生問題,如婦產科及小兒科醫生、幼稚園、嬰幼兒食品與玩具服飾用品等就會受到衝擊。

第八章

外籍與大陸新娘

第一節　外來配偶之統計觀察

　　外來配偶包括外籍配偶與大陸(含港澳)配偶,前者的母語不是漢語,後者為漢語語系。自1987年有登記統計資料以來,累積到2007年,外來配偶共有39.9萬人,占總人口的比例的1.74%。此數確實不少,對台灣社會、經濟、倫理與文化等層面都會產生影響;不但如此,他們大都是嫁來而為台灣媳婦,是新台灣之子的母親,顯然也會影響台灣下一代,甚至影響台灣未來前途。

一、外來配偶的原籍

　　外來配偶包括外籍配偶和大陸港澳配偶。以2007年而言,共計399,038人,外籍配偶人數占外來配偶的比例為34.24%,其中越南有77,980人,印尼有26,124人,泰國有8,962人,菲律賓有6,140人,柬埔寨有4,502人,其餘為日本人、韓國人與其他國籍者。外籍配偶中,以東南亞國家為大宗,占90.55%,其中尤以越南為最多,比例為57.08%;而外籍配偶中,新娘為126,575人,所占比例

高達92.65%。由此得知：大多數的外籍配偶是東南亞新娘。東南亞新娘嫁到台灣來，大都經由婚姻介紹媒合，不像其他國籍者，經由自由戀愛而結合。也因如此，東南亞新娘為台灣新人口中一個重要問題。外籍新娘的仲介者是否合法，是否產生違法事件，如假結婚、真賣淫，或將新娘商品化等違反人權等事宜；新娘嫁到台灣後的生活調適、身分、輔導、教養與工作等問題。這些問題現已成台灣的重要社會問題。

外來配偶中的大陸港澳配偶人數有262,421人，所占比例為65.86%，其中大陸配偶有251,198人，比例高達62.95%，為東南亞配偶人數的倍數。大陸配偶中為新娘者，有240,165人，占大陸配偶人數的95.61%。如此說來，極大多數的大陸配偶也為大陸新娘。大陸配偶之所以如此多，係受下列因素的影響：

1. 在政府開放大陸探親後，單身的老榮民回家鄉探親而結婚；
2. 台商西進，增加與大陸女子接觸的機會；
3. 同文同種，且生活習慣大體上雷同；
4. 婚姻介紹所的仲介；
5. 經由媒介的大陸鄉下女子與其家庭嚮往寶島的富裕生活。

大陸新娘的人數多於東南亞新娘，大陸新娘在台灣人口中的問題，自然也不亞於東南亞新娘，尤其是老榮民的眷屬，在老少配的情況下，家庭問題頗多，是否會造成台灣新貧一族？頗值得研究與追蹤。

表8.1　外來配偶之原籍

單位：人，%

	人　　數	比　　例
總　計	399,038	100.00
外籍配偶	136,617	34.24
越南	77,980	19.54
印尼	26,124	6.55
泰國	8,962	2.25
菲律賓	6,140	1.54
柬埔寨	4,502	1.13
日本	2,640	0.66
韓國	838	0.21
其他國家	9,431	2.36
大陸港澳	262,421	65.76
大陸	251,198	62.95
港澳	11,223	2.81

資料來源：戶政司，《戶籍人口統計資料月報》，2007年。

二、近年來新婚中的台外聯姻

　　隨著國際聯姻的普及化，為婚姻市場中屬於弱勢的台灣未婚男子提供了結婚機會，外來配偶累積數的持續攀升，就說明每年都有為數不少新增加的台外聯姻。

　　1999年到2003年，台灣每年結婚的對數都在17萬對以上，2004年後卻遞減到14.2萬對以下。台外聯姻的每年對數，由1998年的1萬對增到2000年的2萬對，之後就維持在這種水準直到2004年。2005年對數開始遞降，2006年低於1萬對，2007年為0.95萬對，兩年之間就減少一半。

　　就台外聯姻對數占台灣結婚登記對數的比例而言，由1998年

7.13%，升到2000年11.75%，之後就維持在11.5%上下，2004年卻突增到15.47%，比例如此的遽升，係因全國結婚對數減少所致；2005年比例反而遽降到9.78%，係因台外聯姻對數大幅減少所致。由於台外聯姻對數仍在減少，致使比例下探到2007年的7.07%。由此比例可換算出平均多少對結婚中就有一對台外聯姻。1998年為14.02對中、2001年為8.79對中、2004年為6.46對中，就有一對台外聯姻，平均對數是呈遞減走勢，顯示台外聯姻在國內結婚中的重要性不斷在提高；但在2005年後，地位開始下降，該年為10.22對，2007年為14.14對。相對於外來配偶的累積數及比例，台外聯姻的對數，在台灣結婚市場中所占地位於2004年達到最高峰，之後反而呈現大幅滑落的現象。

表8.2　台外聯姻對數與比例

單位：對，%

年	結婚登記對數	外籍配偶			台外聯姻比例
		合計	新郎	新娘	
1998	145,976	10,413	1,788	8,625	7.13
1999	173,209	14,670	1,953	12,717	8.47
2000	181,642	21,339	2,277	19,062	11.75
2001	170,515	19,405	2,417	16,988	11.38
2002	172,655	20,107	2,768	17,339	11.65
2003	171,483	19,643	2,794	16,849	11.45
2004	131,453	20,338	2,771	17,567	15.47
2005	141,140	13,808	2,687	11,121	9.78
2006	142,669	9,524	2,708	6,816	6.67
2007	135,041	9,554	2,590	6,964	7.07

資料來源：戶政司，《戶籍人口統計資料月報》，2007年。

　　然而，大陸配偶的數量與外籍配偶相比，有過之而無不及。外籍配偶增到2萬對之後，維持一段時間就開始下降；大陸配偶數量的走勢則是不一樣，對數持續增長，於2003年達最高數量後，2004年快速遽降，之後又緩慢回升。1998年為1.24萬對，2000年越過2萬對，2003年高攀到3.5萬對；2004年遽降到1.1萬對，2007年又回升到1.5萬對。2004年的前後，在數量上產生結構性的變化。

　　就大陸聯姻對數占台灣結婚登記對數的比例分析，由1998年8.53%，升到2000年13.01%，再升到2003年20.40%，此年為比例最高的年份；2004年的比例降到10%以內，2007年為11.21%。由比例可換算出平均多少對結婚中就有一對與大陸聯姻，1998年為11.72對，2000年為7.68對，2003年為4.90對，2004年為11.98對，2007年為8.92對。

表8.3　台灣大陸(含港澳)聯姻對數與比例

單位：對，%

年	結婚登記對數	大陸(港澳)配偶			台灣大陸聯姻比例
		合計	新郎	新娘	
1998	145,976	12,451	511	11,940	8.53
1999	173,209	17,589	844	16,745	10.15
2000	181,642	23,628	846	22,782	13.01
2001	170,515	26,797	983	25,814	15.71
2002	172,655	28,906	1,598	27,308	16.74
2003	171,483	34,991	3,207	31,784	20.40
2004	131,453	10,972	405	10,567	8.35
2005	141,140	14,619	452	14,167	10.36
2006	142,669	14,406	506	13,900	10.10
2007	135,041	15,146	551	14,595	11.21

資料來源：戶政司，《戶籍人口統計資料月報》，2007年。

　　與外來聯姻占台灣當年度結婚登記的比例，由1998年持續攀升到2003年，1998年的比例為15.66%，2001年提高到27.09%，2003年為32.14%。比例持續的攀升，接近三對中就有一對是台外聯姻，這個數據是相當高的，令我們不得不驚訝，也不得不認為問題已到嚴重程度，顯示台灣人口在量與質上都開始產生結構性的變化，對台灣社會、經濟、倫理與文化等層面都將產生或多或少的影響，而影響是持續在發酵中。然而，2004年其比例開始從高峰下降，2004年降到25%以內，2005年再繼續下降到接近20%，2006年與2007年都降到在20%以內。即使比例已降到20%以內，但也未低於1998年的水準，每年6對結婚中至少就有一對是台外聯姻。台灣在追求經濟全球化的過程中，在製造品生產上對中國大陸的過度依賴，乃有投資大陸化之疑慮；然而，在台外聯姻方面，1998年之後的台灣人口發展，似有大陸化與東南亞化之傾向。

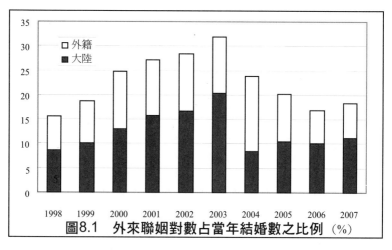

圖8.1　**外來聯姻對數占當年結婚數之比例**（%）

資料來源：同表8.1。

三、外來新娘的生育

　　外來新娘，不論是外國籍或是大陸人士，嫁到台灣來，就是台灣媳婦；若她生了孩子，在台灣的地位可要再提高，她就變成為新台灣之子的母親。

　　在統計資料對比分析上，外來配偶的人數與比例在台灣已是可觀，從結婚對數中台外聯姻的對數與比例更為可觀。如此可觀的台外聯姻，也反映在嬰兒生母的原國籍差異上，使得由外來媳婦所生的嬰兒數量與比例都在提高，這表示台灣在新移民下台灣之子的面孔在比例上會有些改變，在人口中的數與質上都已產生結構性的變化。這在人口問題中，是個重要問題，應予正視。

　　對少子化問題的研究上，我們已陳述台灣嬰兒出生數呈逐年遞減走勢，進入21世紀之交，數量由每年30萬人減到2007年的20萬人。然而，生母為外來配偶的嬰兒數由1998年1.4萬人持續增到2003年的3萬人，比例也由5.12%升到13.37%；2004年起，生母為外來配偶的嬰兒數也隨總嬰兒數的下降而下降，到2007年降為2.1萬人，比例也滑落到10.23%。

　　在台灣，生母為外來配偶的嬰兒數與比例的走勢，雖呈先盛後衰現象，但從數量與比例上觀察，所出生的10個嬰兒中，至少有一個的生母是外來媳婦。如此的數據，可預見台灣未來人口在質與量上都會產生結構性的變化。新移民的外來媳婦，不但影響當今的台灣人口，她們在台灣的生育，對孩子的教養，以及其家庭生活等，都將影響台灣未來人口的質與量。

表8.4　生母為外來配偶之嬰兒數與比例

單位：人，%

年	嬰兒數	生母為外來配偶者	比例
1998	271,240	13,904	5.12
1999	283,661	17,156	6.05
2000	305,312	23,239	7.61
2001	260,354	27,746	10.66
2002	247,530	30,833	12.46
2003	227,070	30,348	13.37
2004	216,419	28,666	13.24
2005	205,854	26,509	12.88
2006	204,459	23,903	11.69
2007	204,414	20,905	10.23

資料來源：戶政司，《戶籍人口統計資料月報》，2007年。

四、外來配偶的證件身分

　　外來配偶，嫁到台灣，是否就可立即取得國民身分？在台灣有一套具體的管理辦法，通常外籍配偶取得身分證的時間至少需3年，而大陸配偶則需在8年以上。

　　依國籍法之規定，為中華民國之配偶（外國人士），現於境內有住所，品行端正，無犯罪紀錄，有相當財產或專業技能，足以自立，或生活保障無虞，並自取得外僑居留證起，於境內每年居住逾183天，且連續3年以上，得申請歸化中華民國國籍。外籍配偶共有13.66萬人，其中6.07萬人已歸化，取得中華民國身分證，仍有較多外籍配偶持外僑居留證居留在台，人數為7.58萬人。

　　對大陸配偶的國籍管理辦法不同於外籍配偶。2004年3月起，為杜絕假結婚，政府對大陸配偶來台全面實施面談機制，入境後，憑入出境許可證及海基會驗證之公證書，到戶籍管理單位

辦理結婚登記，此時停留期間的文件是旅行證件；結婚滿2年，
或生產子女者，可申請依親居留，期限2年，每次延期1年，發加
簽證；依親居留滿4年，且每年在台居住逾183天，可申請長期居
留，期限3年，每次延期2年半；長期居留滿2年，且每年在台居
住逾183天，且符合條件者，可申請定居，在台設籍，領國民身
分證。大陸配偶從結婚登記日起算，取得中華民國身分證，至少
要等8年，所需時間較外籍配偶多5年。

表8.5　外籍與大陸配偶之證件身分

單位：人，％

	總　　計		大　　陸		港　　澳	
	人數	比例	人數	比例	人數	比例
總　　計	399,038	100.00				
外籍配偶	136,617	34.24				
歸化	60,726	15.22				
外僑居留	75,891	19.02				
大陸港澳	262,421	65.76	251,198	100.00	11,223	100.00
旅行證	114,270	28.64	114,270	45.49		
居留證	97,613	24.46	91,636	36.48	5,977	53.26
依親	58,454	14.65	58,454	23.27		
長期	39,159	9.81	33,182	13.21		
定居證	50,538	12.66	45,292	18.03	5,246	46.74

資源來源：戶政司，《戶籍人口統計資料月報》，2007年。

　　大陸配偶來台居留，政府管理的方式，與外籍配偶不同，數
量上是採雙軌的配額制。大陸配偶在台人數有25.1萬人，持旅行
證而來台團聚者，有11.4萬人，所占比例為45.49%；持居留證者
有9.16萬人，比例為36.48%，其中依親居留的人數與比例分別為
5.84萬人與23.27%，長期居留者為3.12萬人與13.21%；定居者有

4.53萬人，比例為18.03%。大陸配偶在台之身分，持旅行證者仍為多數，其次為可居留，能定居者比例最低。政府對大陸配偶取得國民身分證的管理較為嚴格，主要係因於取得身分後其親戚可來台依親之影響考量。

從身分類別上分析，外來配偶取得身分證者，為中華民國國民身分之比例仍是少數，外籍配偶與大陸港澳配偶的加總，比例僅有27.88%，三成的比例還未達到。她們拿到身分證，說不定還會受到歧視，更何況她們沒有國民的身分。

從統計資料觀察分析，外來配偶在人數、比例方面，在結婚的人口中，在嬰兒出生數上等，在在都顯示其重要性日益提高，然而他們在台灣卻有多種不同的身分。已經是新台灣之子的母親，不但在認知上仍是一個外來人，在法律身分上也是一個外來人。這種認知上的差別仍存在一個無奈的等待期。

第二節　台灣國際聯姻之發展與現況

人類經由經商、求學、旅遊等不同途徑，因機緣與不同國籍的女子發生情感，自由戀愛，成為眷屬者，在e時代與全球化的今天，愈來愈普遍。然而，我們所要探討的，不是以自由戀愛的聯姻為對象，而是以經由專業媒介方式而結合的聯姻為主。由統計資料的分析得知，東南亞新娘以2005年為分界線，大陸新娘以2004年為分界線，之前為台外聯姻的興盛期，之後為衰退期。

一、與東南亞國家台外聯姻的發展

台灣與東南亞國家的跨國聯姻，始於1979年代末與1980年代

初，由於當時部分退伍老兵面臨擇偶困境，歸國之東南亞少數僑胞，媒介泰國、印尼、菲律賓與馬來西亞等婦女聯姻，其中尤以華裔婦女為多數。1994年政府宣布「南向政策」，經由經商、旅遊等頻繁經濟活動，對東南亞各國的認識也加深；同時，因台灣缺工，引進東南亞外勞，也包括外傭與看護工在內，對東南亞女子的能力與習性也有所瞭解；再加上，社區與村莊裡的外籍媳婦的表現，商業化的仲介，東南亞新娘就成為台灣「大哥哥們」擇偶的主要對象之一。

　　東南亞新娘的產生與發展，與台商在東南亞各國投資活動的熱絡有密切關係，因而就產生在國與國之間更迭變化現象。1995年以前，以印尼及菲律賓為主，1996年以後越南後來居上。印尼新娘都維持在穩定數量上，菲律賓新娘在1998年之後開始呈現大幅下降；而越南新娘則持續增加，遠超過印尼新娘，為外籍新娘的主流。2005年起，東南亞新娘開始大幅下降，2007年的數量不及全盛期的四成 [1]，反而呈現由大陸新娘替代東南亞新娘之態勢。東南亞新娘數量如此的發展走勢，主要原因如下：

(一)台灣婚姻市場的需求

　　在台灣，尤其是鄉村青年，在國內婚姻市場是弱勢，機會少，不易配對，因而成為婚姻市場的需求者。有關的統計資料中也顯示，較僻遠的鄉村地區，以農、漁、工為職業的男性，台外聯姻的比例較高。

---

1 依內政部戶政司《戶籍人口統計資料月報》，2007年。2004年東南亞新娘人數為17,182人，而2007年為6,500人。

（二）東南亞經濟環境的壓力

台灣與東南亞國家，如越南、印尼、泰國、菲律賓等相比，在經濟上具有絕對優勢，國民所得高出這些國家好幾倍。東南亞國家想嫁出國者，在其國內為相對弱勢者，為了脫離貧困，其家人或本人想經由國際聯姻方式，來到台灣，以追求較富裕的生活，或改善其家中的生活。

（三）南向政策與婚姻仲介等國際婚姻催化劑的影響

南向政策，增加國人對東南亞各國的認識。專業的婚姻仲介業，在功利取向下，提供便捷、滿意、以接近「商品化婚姻」的服務與促銷手法，提高台外聯姻的效率。

（四）受大陸新娘同文同種之優勢影響

在婚姻市場，大陸新娘與東南亞新娘存有某些程度的替代關係。在相互比較上，大陸新娘因同文同種的因素，不但在語言上、文字上具有優勢；甚至在生活習性與文化背景上也具有優勢，再加上大量的台商在大陸，以及兩岸較頻繁的經貿與旅遊往來，使得大陸新娘的人數不但越過東南亞新娘，之間差距也至少有一倍，並有擴大現象。

二、對大陸配偶的發展

1987年政府開放榮民大陸探親，1988年開放大陸人士有條件來台定居、居留、探親及從事各項交流活動，兩岸人民往來於焉展開。兩岸人民往來的頻繁，在同文同種的優勢下，也開啟兩岸婚姻，倒有後來居上，凌駕東南亞新娘之勢。與東南亞新娘相比，

聯姻途徑多元化，不像東南亞聯姻專業仲介者扮演比較重的角色。

與大陸女子聯姻，能快速發展的原因，除與台灣婚姻市場的需求、大陸經濟環境的壓力，以及大陸開放政策與婚姻仲介催化劑的影響等因素，與東南亞女子聯姻有相似之處外，仍有下列不同的因素：

(一)同文同種的優勢，交通方便，距離近

大陸與台灣，只是一水之隔，距離近；之間的往來，雖經港澳，但國人去大陸可說暢通無阻。夫妻需共同生活，已具備共同語言的大陸女子，在條件上當然優於嫁到台灣後再學習語言的東南亞女子，同文同種的條件當然優於不同文的東南亞華裔女子。

(二)兩岸經貿與觀光旅遊活動的力度大，兩岸交流頻繁

台灣對外投資、貿易與觀光旅遊，都產生對大陸嚴重傾斜的現象，也因如此，加深國人對大陸的認知與瞭解。台灣國際聯姻的發展，通常是伴隨台商投資與經貿活動而來的，台商跟大陸經貿活動愈熱絡，兩岸聯姻發展也就愈順暢。

(三)多元途徑的兩岸聯姻

兩岸聯姻，除由專業仲介業的媒合外，有同文同種的優勢，以及兩岸交流的頻繁，其他途徑如探親、親友介紹、求學、旅遊與工作等，都為促成良緣途徑。然而，這些途徑的重要性，不低於專業仲介業的功能。

由於兩岸交往的頻繁，不但台灣中小企業在大陸，連大企業

也將勞動密集生產的事業部門在大陸建立生產基地；不但製造業因成本的考量而在大陸設廠，因大陸從世界製造工廠擴大為世界消費市場，連服務業也在大陸行銷。在大陸的台商企業至少有6萬家，在大陸的台商及其幹部至少也有數百萬人，這些人中不乏適婚者。台灣國民經由經商、求學、探親、旅遊等不同途徑的機緣，與大陸人士自由戀愛而成眷屬者，已不在少數，其數量有增加趨勢，這是自然發展的結果。這種的婚姻，當然有別於婚姻仲介的婚姻。

在興盛期，大陸新娘人數持續攀升，由1998年的11,940人增到2003年的31,784人（表8.3），增長168.35%，5對結婚中就有1對是與大陸女子聯姻的，所占比例甚高。快速增長的現象，也挾帶更多的不法，如人蛇集團藉假結婚之名義，引進大陸女子真賣淫；或藉合法聯姻方式，來台從事非法活動，如打工等。為杜絕不法，申請來台團聚者，2004年3月起政府不僅對有關文件予以驗證外，更實施面談制，再加上台灣總結婚對數的減少，2004年大陸新娘人數遽減到10,567人（表8.3），僅及2003年的32.84%，此為衰退期之始。

在衰退期，大陸新娘人數大幅減少，其所減少者大都為經由專業仲介媒合者；而因自由戀愛而成眷屬者，在比例上卻大幅增加。

三、國際聯姻所衍生的問題

異國間通婚，勢必面對因文化、習俗、宗教等而產生語言溝通、生活調適、子女教養、人際往來與就業工作等融入台灣社會之問題與輔導，對這些議題，我們另闢專節討論。於此，我們先

探究婚姻媒合業與假結婚問題。

（一）婚姻媒合業與其管理

　　在語言隔閡及不同文化下，台外聯姻能快速發展，婚姻媒合業者爲主要催化劑，扮演月下老人的積極角色。因有利可圖，婚姻媒合業者以各種不同的組織型式競相成立，相互競爭。原本爲促成千里姻緣的美事一椿，卻蒙上濃厚的商業氣息，營利、專業服務、講求效率，呈現出濃厚的商業性質的功能角色，反而降低其應有的社會性功能。正因爲如此，婚姻媒合業者以誇大不實廣告，招攬客戶，將婚姻商品化，物化女性，因而遭受國人指責，國際人權機構非議，其行爲被指爲商品婚姻、販賣人口、侵害人權。此不但有失國際觀瞻，也遭外國政府反感。不但如此，婚姻媒合業者仍有下列可議之處：

1. 在營利的前提下，會與人蛇集團、甚至黑道相結合，相互利用，助長非法活動。
2. 在金錢交易下，被安排的婚姻，變成一種無情感基礎的商業交易，助長父權主義，造成不幸福的婚姻，女性可能受虐，婚姻媒合業者反而成爲夫妻失和、家庭暴力的幫兇。
3. 婚姻不是建立在相知相愛的基礎上，就會易於導致家庭與社會問題，成爲社會負擔。

　　政府對婚姻媒合業的管理，由原先的放任而到現在的規範約束，正朝向專法管理方向發展，並期在移民法相關法規中規範跨國婚姻媒合，不得爲營業項目，不得廣告，並訂有罰則。在過渡

期間，從2004年8月起，成立婚姻媒合業管理審查小組，訂定管理分工表，舉辦管理公聽會，公告廢止婚姻媒合業爲營業項目，成立跨部會的聯繫會報等工作。因爲對婚姻媒合業者的規範與違法的裁罰，台外聯姻由興盛期轉爲衰退期。

在公序良俗的道德倫理上，婚姻媒合不應成爲一種行業，經濟部商業司公告廢止其營業項目，有其正當性。婚姻媒合將朝向非營利之公益性服務機構發展，是爲正途，政府對現行業者的轉型應給與更多的輔導與參與；對不法者，應嚴加取締。

(二)假結婚合法入境，從事非法活動

除了偷渡來台外，外國人以假結婚方式來台打工，或從事非法活動者，時有所聞，情況較爲嚴重。藉假結婚者，可能是人蛇集團，以結婚之事實，引渡外籍或大陸女子，控制其行動，從事色情行業；也有可能是個人，如大陸女子的騙婚、詐財之行徑，如大陸男子的四處流竄打工等。他們藉由假結婚、假探親，來台真打工，或逾期停留，或行方不明，這些都會造成治安與防疫上的死角，應加強防範。

對外籍與大陸配偶的入境，已實施面談機制，除予以強化外，入境後的追蹤查考也是重要工作，應落實執行入境追蹤與居停留查察，以防範藉假結婚方式，來台從事非法活動或打工。

外籍與大陸配偶入境管理機制的完善與執行面的落實，對正當人給與應有的權益保障，同時協助其在台灣能落地生根；對非法者予以打擊，防範不法，以發揮嚇阻作用。

第三節　外來新娘的生活調適、教養與工作

　　既然外來新娘嫁來爲台灣媳婦，又會變成新台灣之子的母親，她們在台灣的生活、工作與教養等當然是重要議題。外來新娘的家庭生活、社會互動與就業權益等值得我們關心。

一、生活問題與調適

　　對於跨國婚姻，所產生的跨國文化交流與適應問題，雙方應相互學習，以創造多元和諧社會。由於本土存有優勢文化，外來新娘總是被要求融入台灣社會，要求相當程度的在地化，來適應夫家生活的作息與規範，因此學習台灣社會文化習俗，適應台灣生活成爲當然的事。

　　外來新娘因文化、習俗、語言、倫理、價值等與國人存有或多或少的差異，要融入台灣社會是一條較艱辛的路途，須克服種種難題，更需家庭與社會的輔導與支持。期望每一位外籍新娘皆能在台灣生活幸福美滿，是不太可能的事。通常，外籍新娘的調適問題比大陸新娘嚴重。她們愈能調適，就愈能融入家庭生活及台灣社會，愈能將台灣視爲家鄉，就愈有可能落地生根；不然，就面臨適應不良的後果。

　　來到台灣，爲融入台灣社會，外來新娘就需面對生活適應上的問題，如在生活飲食習慣上、處理日常事務上、與人互動上、家庭中的功能分工、地位與和諧上等。因文化的不同，尤其是語言不通，所造成的衝突，在所難免，生活調適問題無法免除，需靠時間，其過程需要更大的包容、勇氣、愛心與關懷，需要更多

的輔導與支持，來完成融入台灣社會的過程。

外來新娘的生活調適，可分別從家庭生活與社會關係著手，而家庭生活尤為重要，無論是那一類型的調適，都應先從語言溝通能力著手。家庭生活所面臨的問題：如何調適夫家的生活飲食習慣；如何與夫家家人相處，如夫妻的相處、婆媳的相處。仲介媒合的婚姻，夫家有可能將之商品化，視為生產工具與肩負傳宗接代的使命，摩擦與衝突在所難免；如何承受家庭過重的勞務工作、家計負擔與經濟自主。當初來台的白雪公主美夢，卻因殘酷的現實而成為灰姑娘；有子女後，如何教養子女及教養子女的學習能力與自主性；若不幸遭受家暴，如何處理？如何取得符合社會協助與支持，如何獲得生理上與心理上的慰藉等。在社會關係上，如何參與社區活動、建立人際關係；如何認知生活環境，利用有效率與方便的行動工具，處理日常事務等。

語言的不通，與不識漢字，使得外籍新娘生活調適問題變得更加嚴重。聽不懂，說不出，不識字，在台灣生活當然舉步維艱。語言與識字的學習訓練，是當務之急，最好能在進入台灣之前就已培訓其語言能力，縮短在台生活調適時間與其困難。

良好的生活調適，才有健康與有品質的生活，才會覺得幸福與美滿，也才能教養出優質的未來台灣之子。然而，生活調適問題，固然大部分是外來新娘本身要去適應的問題，其過程也需國人予以多方輔導與支持，降低對其歧視，協助其融入在地社會，共建多元和諧的社會。

二、子女教養問題

男女結婚後，生兒育女接踵而來；有了子女，子女的教養問

題油然而生，更何況有些國人娶外來新娘的目的之一就在於傳宗接代。依內政部外籍與大陸配偶生活狀況2003年調查報告所示，受訪外籍新娘有70.8%生有子女，大陸新娘有50%；其子女約有八成是嬰幼童，約有一成進入小學教育。

我們深信：為人母者，都想盡其所能扮好母職。教養子女之所以會出問題，可能係因能力不及、協助無力或無方、或在家中地位卑微等因素而導致，這些問題會隨子女年齡增長、求學階段提高而顯現。外來新娘，尤其經由仲介媒合者，教育程度低，不識漢字，語言溝通與表達不良，她們已經是難以在短時間內完成適應在台生活，卻要面對擔任親職角色，如此自然就會衍生對其下一代之語言學習、學業發展、生活習慣、人際關係及人格發展等教養的問題。為了台灣未來主人翁的良好家庭教育與生活規範，外來新娘的親職教育更為重要。

三、生活費用與工作

經濟是生活的基礎。外來新娘家庭生活的幸福，需要有經濟基礎，外來新娘生活費用的來源類別可呈現經濟來源的充裕與否及穩定性。依內政部外籍與大陸配偶生活狀況2003年調查報告（以下簡稱調查報告）顯示，外籍新娘家庭生活費用，有95.7%的重要度來自於本人或配偶工作或營業收入，只有0.8%的重要度來自於退休金或保險給付。但為榮民家眷者，上述二項重要度分別為81.6%與15.3%，顯示外籍新娘主要家庭生活費用來源是靠家庭成員的勞動所得。

至於大陸新娘家庭生活費用的情形，有84.7%來自於本人或配偶工作或營業收入，有9.5%來自於退休金或保險給付；但為榮

民家眷者，上述二項重要度分別為44.4%與50.8%，為原住民者分別為87.5%與1.3%，為身心障礙者分別為74.2%與11.3%，為低收入戶者分別為63%與15.7%；政府與社會救助或津貼對榮民家眷、原住民、身心障礙者及低收入戶的重要度分別為6.1%、4%、8.7%與23.4%。從上述對大陸新娘家庭生活費用來源重要度的陳述中得知，主要來源雖仍以家庭成員的勞動所得，但與外籍新娘家庭相比，已呈現多樣性特質，顯示家庭生活費用的來源，除靠勞動所得外，退休金、政府與社會救助也是不可或缺的重要來源。榮民家眷者反而以退休金為主，低收入戶者政府與社會救助的重要性更強，身心障礙者的生活費用來源更是多元化，也依靠親朋好友的支助。

除家庭生活費用外，外來新娘的個人生活零用金又是如何？從調查報告資料顯示，外籍新娘個人生活零用金的主要來源，有73.6%是由配偶提供，有21%是靠自己工作收入，也有3.6%沒有零用金。大陸新娘的情形，有75.3%是由配偶提供，有16.5%是靠自己工作收入，也有4%沒有零用金。

家庭經濟無虞、且無工作意願者，當然可選擇不工作。若家庭經濟薄弱，收入不足，自然會有一股強大力量迫使家庭成員外出工作，外來新娘當然包括在內。結為夫妻，是要共同生活，共負家計之責，外來新娘有能力、想工作者，得使之工作，以改善家庭經濟，提升生活水準。

依調查報告資料顯示，受訪外籍新娘有固定工作為19.6%，有臨時性工作為12.5%，合計為32.1%，無工作的比例高達66.6%。其配偶為原住民者無工作的比例高達53.6%，為榮民者65.6%，為身心障礙者61.2%，為低收入戶者60.7%。弱勢族群中的外籍新娘

無工作比例雖較平均水準爲低，但比例仍在60%以上。

　　至於大陸新娘的情形，有固定工作的比例爲14.2%，有臨時性工作的比例爲12.5%，合計爲26.7%，非常顯著地低於外籍新娘，因而無工作的比例自然就高於外籍新娘，達73.3%。其配偶爲原住民中無工作者之比例高達56.7%，爲榮民者爲69.2%，爲身心障礙者爲66.3%，爲低收入戶者爲62.8%。弱勢族群中的大陸新娘無工作比例也較平均水準爲低，低於70%，但比例仍在60%以上，且高過同類別的外籍新娘。

　　外來新娘無工作比例高達六成五以上，而大陸新娘的情形又高於外籍新娘，與2003年女性勞動參與率47.14%相比，顯然嚴重偏高。考其原因，主要者有四：

　　1. 子女小，或夫婿體弱多病或殘障，需照顧家庭。
　　2. 常往來於原籍地。
　　3. 受有關法規之限制，不許工作。
　　4. 無工作技能而找不到合適工作。

　　前二項屬於自願性質，而後二項是因法規與能力的限制而剝奪其工作權，進而影響其家計。

　　2003年內政部專案報告，就揭示外籍與大陸配偶在停留期間工作不易的事實，從法規管理面予以鬆綁。對外籍配偶，放寬獲准居留，就可申請工作許可，在核發外僑居留證時，一併提供工作許可申請資料；後因就業服務法的修正，外籍配偶，若獲准居留，就可工作，免申請工作許可。對大陸配偶，原訂法規是團聚停留期間不許工作，依親居留需申請工作證，長期居留免申請工

作證而可工作；法規放寬的部分只是增列依親居留期間可申請工作的條件，將原本規定的條件，如低收入戶、符合公告之每人每月所得標準、符合當地最低生活費水準、台籍配偶在65歲以上、為中度以上之智障、為重度傷殘者，再加上受家暴者、與台灣地區配偶育有未成年子女者。由此得知，政府在法規上，對外籍新娘工作權的限制可說接近完全解除，但對大陸新娘仍有較嚴格的限制，這種管制也可解釋上述數據大陸新娘無工作的比例為何高於外籍新娘的原因之一。

對借由「假結婚、真打工」來台者予以防範、打擊，我們給與全力的支持；但對「真結婚，需工作」者也應給與平等機會，不能剝奪其工作權。保障國人就業權益，難道外來新娘不會成為國人？她們卻是新台灣之子的母親。台灣之子需要親情與金錢來培養，不然將來可能社會要付出更大的代價。此外，更何況我們還有外勞政策。與其允許企業或個人可雇用外勞，不如鬆綁外來新娘的工作條件限制。對弱勢族群的外來新娘，與其給與社會與政府救助，不如培訓其技能，推介就業機會，或輔導創業，使其有工作可做。建議在政策上，可將外來新娘視為人力開發的對象，以提升其人力素質，厚植國力與競爭力。

四、社經地位

在全球化的時代，跨國婚姻因自由戀愛而成眷屬者，在社經面上都有一定的地位，他們大都經由留學、旅遊或經商的途徑而握有機會。他們大都學歷高、見識廣、經濟基礎好，家世有一定程度的社會資源。

然而，在台灣，台外聯姻有很大的一部分是經由婚姻媒介而

成。媒介業者組織婚姻團，集體到東南亞與大陸相親，其過程不
免將外來新娘商品化，變質為買賣婚姻。因而，台灣去相親的人，
大多是婚姻市場中的弱者，在台灣的社經地位相對較差；而願意
離鄉背井嫁到台灣來的外來新娘，也大都是該國社經地位較弱的
女子。一般會去相親的地方，其經濟地位一定低於台灣。由此推
想：在台灣社經地位較弱的一群未婚男性，到一個經濟發展水準
比台灣低落的國家去相親，而願意嫁到台灣來的外來新娘又是該
國在社經地位上相對較弱的一群，她們嫁到台灣所組成的家庭，
不難得知在台灣的社經地位也就是較弱的一群。我們可從她們的
教育水準及其夫婿的社經背景上，窺知一二。

　　教育程度的高低，可作為社經地位的重要指標。從調查報告
資料顯示，2003年受訪外籍新娘共78,115人，其中教育程度為不
識字的比例為3%，自修與小學程度為33%，國中程度為35.5%，
上述三項的合計高達71.5%。受訪大陸新娘共89,390人，其中教育
程度為不識字的比例為2.3%，自修與小學程度為18.5%，國中程
度為40.9%，上述三項的合計高達61.7%。台灣2003年15歲以上女
性人口的教育程度在國中（含）以下的比例為40.03%，外來新娘所
受的教育程度遠低於國人的一般水準。外來新娘教育程度愈低
者，愈是靠婚姻仲介與親友介紹來結合；而教育程度愈高者，愈
是自行認識而結合。

　　2003年調查報告的受訪外來配偶的人數為175,909人，其中外
來配偶的國人身分，大都屬於弱勢族群者，如原住民的人數與比
例分別為1,647人與0.94%、榮民為16,846人與9.58%、身心障礙者
為15,905人與9.04%、低收入戶為4,543人與2.58%，共計人數為
38,941人，比例為22.14%。外來新娘嫁給台灣弱勢族群的比例相

當高。無庸置疑，弱勢族群的社經地位當然低，他們是政府與社會的輔助對象，而大部分是依靠退休金與政府救助而生活。

第四節　與外來新娘有關的政策與對應方案

隨著外來新娘人數的攀升，外來新娘儼然已成為台灣新移民的一族，其人數之多，已成為台灣的第五族群，它對台灣現在與將來的人口之質與量都會產生影響。

之前具商業氣息的婚姻仲介業者，有效率地為國內年齡偏高的未婚男性在國外媒合新娘，由於其行為具有女性商品化與買賣婚姻之嫌，社會與國際觀感不良，而婚姻媒合的商業性也違反國情與善良習俗，經濟部商業司已廢止其為行業，婚姻媒合業將朝非營利機構發展，政府應給與適當輔導，對仍具有商業經營的業者應加以規範，並輔導其轉型，更應加強管理不實、誇大、不尊重女性的徵婚廣告，以防其招攬生意。對於以假結婚合法入境方式，應加強防範與查緝，使非法活動無所遁形，不要成為防疫與治安的死角。

一、政府的照顧輔導措施及其內容

為數眾多的外來新娘，在台灣已是事實，她們已成為或將成為我們的同胞，同時她們是新台灣之子的母親。對這一群新移入的居民，要融入台灣社會，應多方給與輔導與支持，不要讓她們感到無助，要讓她們感到溫馨；不要因她們的加入，使得台灣人口素質下降。這一群外來新娘的報到，將擔負照顧養育台灣下一代，政府對於她們個人或家庭的基本權益及需求，應視為一項重

要的政策來推動，同時應編列預算，並落實執行。近年來，政府執行層面，一爲照顧輔導措施，另爲照顧輔導基金。在基金方面，政府從2005年起，以10年爲期，編列30億元的基金，來落實協助外來新娘在台的生活照顧，使政策執行具長期施政作爲。

外籍與大陸配偶照顧輔導措施，已執行數年，內政部業將原六大重點工作(39項具體措施)，經2003年6月及10月的二次修正，增爲八大重點工作(56項具體措施)，內容包括生活適應輔導、醫療優生保健、保障就業權益、提升教育文化、協助子女教養、人身安全保護、健全法令制度、落實觀念宣導。

在生活適應輔導方面，爲：辦理生活適應輔導班，加強種子教師培訓；攝製在台生活資訊，提供多國語言服務資料；建構諮詢服務窗口，協助民間團體建立互助支援網絡；研議相關福利及救助服務措施。

在醫療優生保健方面，爲：輔導加入全民健康保險，保障醫療服務品質；辦理家庭計畫指導，提供優生保健服務；實施入境健康檢查；逐一建卡照護，落實健康保障；辦理生育、身心障礙、衛生健康、心理輔導等研究調查。

在保障就業權益方面，爲：提供就業諮詢服務，辦理職業訓練；規劃受暴配偶給予免費接受職業訓練或推介就業；研修就業服務法，放寬申請工作許可規定。

在提升教育文化方面，爲：辦理成人基本教育研習班，提供適當學習課程；落實家庭教育法，辦理家庭教育活動；鼓勵進入國中、小補校及進修學校就讀；加強輔導其子女之學習生活，納入教育優先區計畫。

在協助子女教育方面，爲：將外籍與大陸配偶子女全面納入

嬰幼兒健康保障系統；加強辦理外籍與大陸配偶子女之兒童發展篩檢工作；對外籍與大陸配偶子女有發展遲緩者，提供早期療育服務；加強輔導外籍與大陸配偶子女之語言及社會文化學習，提供課後輔導；辦理外籍與大陸配偶子女生活適應研討會；結合民間團體，補助辦理外籍配偶弱勢兒童外展服務及親職教育研習活動；外籍與大陸配偶之子女優先進入公立幼稚園、托兒所。

在人身安全保護方面，為：整合人身安全相關服務資源網絡；落實救援及保護服務措施，建立關懷資料；開發民間外語諮詢服務資源，提供多國語言翻譯服務；落實家庭暴力通報制度，建立單一通報窗口。

在健全法令制度方面，為：檢討修正相關法令，保障合法權益；加強申請來台審查機制，推動面談及家戶訪查機制；加強婚姻媒合管理。

在落實觀念宣導方面，為：加強外籍配偶申請來台審查機制，並提供及時服務資訊；加強大陸配偶申請來台審查機制，並提供及時服務資訊；加強宣導肯定不同文化族群之正向積極態度，並提供多元文化及生活資訊；選定實驗縣市，規劃辦理外籍與大陸配偶照顧輔導措施示範計畫；整合規劃多元文化教材，宣導多元社會發展，促使積極接納外籍與大陸配偶；於「社區總體營造獎助須知」納入有關外籍與大陸配偶議題。

政府的照顧輔導措施是否具有成效，據吳金鳳（2005）對澎湖外來新娘的生活調適實證研究，發現參與政府所舉辦的生活輔導班，有參訓者比未參訓者適應來得良好，參訓後比參訓前適應來得良好，顯示照顧輔導是有成效的。釋自淳（2000）認為識字教育具有多方正面功能。

二、外來新娘在台生活問題與對策

　　外來新娘在台生活所面臨的重要問題，我們已在第三節中做過深入分析。現將問題以條列方式表示之，重要者為生活適應不良、婚姻穩定性不足、視為連外傭都不如的家庭待遇、貧窮與婚姻暴力、子女教養與教育、就業不易、社會支持網絡不足等問題。而邱方昕(2003)所發現的問題，分別為：薄弱的情感基礎，不良的夫妻關係，經濟衝突，高負荷的家庭勞動工作，較多的兒女生養與照顧，子女發展與學習障礙，困擾的子女教養，疏離的社會關係等問題。

　　這些生活上的種種問題，基本上都已涵蓋在政府所制訂的八大重點工作內，對這些問題也有具體對應策略。在生活上，開辦生活輔導班、語言與識字學習班，輔導考駕照，盡量能盡早協助其融入台灣社會；給與婚姻輔導，以平等對待，期以建立和諧家庭生活；就業與工作，期以能放寬工作權，給與職業訓練與就業輔導，協助經濟自立，減少政府救助；子女教育，給與親職教育，優先輔導其子女進入公立幼稚園、托兒所；強化社會服務諮詢功能等。

　　外籍新娘為台灣新移民的一族，人數之多儼然構成台灣人口中的第五大族群[2]。政府應有義務，整合資源，提供多元服務。在社會面，期能建構社會支持網絡；在經濟面，期能培訓職能；在家庭面，期能扶持和諧關係。總之，對新移民者，政府應一視

2　台灣人口族群的類別，最大者為福佬，其次依序為客家族、外省族、原住民，現又加上外籍新娘這一族。

同仁，對待時至少給與同等的照顧輔導，使其盡早融入台灣社會，能自由自在地在台灣生活。

從上述陳述得知，政府現已瞭解照顧輔導外來配偶是一項重要的內政政策，也編列預算，也有具體措施，也按時推動執行。於此，我們特提出數項應強化與優先的對應措施，以供政策決定者參考。

1. 對語言識字的教育學習，加強力度與誘因。外來新娘對台灣文化習俗、語言識字等應有基本的認識，這是一項義務，也是一項權利。在台灣生活，不知道台灣文化習俗與語言識字，那生活肯定舉步維艱，連獨自處理日常事務都可能遭遇問題，遑論社會互動、人際關係、就業謀生與子女教養等問題。口語的溝通在環境中自然就易達成，但識字就需學習，建議在政策上以積極鼓勵替代消極放任，同時廣設語言識字學習班，分級授課。

2. 設置專業巡迴輔導員，提高福利資訊的可及性，同時提高戶口查察之經常性。

3. 對社會資源的分配，建議以功能性代替消費性的救助，給其魚吃不如教其網魚。

4. 優先考量其子女進入公立幼稚園、托兒所，強化親職教育。

5. 強化就業輔導，培訓職能謀生，優先推介工作機會。

6. 建議雇用生活調適成功案例的外來新娘，擔任志工或輔導諮詢服務人員，對同原籍者提供服務時，能以親身經歷、感同身受來輔導，更能達到事半功倍的效果。

第九章
外勞問題[1]

第一節　台灣經濟發展與勞動力不足之問題

　　一國之所以會雇用外籍勞工(外勞)，勢必是該國面臨全面性勞動力不足問題，或是局部性某特定類別人力的欠缺。台灣在1950年代處於高失業率情況下，而高人口自然增加率顯示社會有大量潛藏即將進入勞動市場的勞動力，同時在農業部門與農村仍有可觀的未充分就業的閒置人力。因而在經濟發展過程中，以勞動密集式產品的工業發展為策略，在貿易引導下創造剩餘出口(vent for surplus)，人力得到充分就業。到1980年代初期產生全面性勞動不足的問題。勞動不足的問題是經濟發展到一定程度後所生產的問題，為經濟發展的結果。

　　勞動不足的產生，即表示市場已失衡，在經濟理論上，可經

1　在台外勞可分白領與藍領兩類，前者為專業性與技術性之人員，而後者為非技術性工人。一國之外勞之所以成為問題，係因基層勞工不足而起，而引進所謂補充性外勞時，又會對國人就業產生替代效應。本章所討論的外勞就是集中於藍領上。

由價格機制的運作而消除。在市場經濟，價格（工資）具有伸縮性，當市場產生超額需求時，即人力的需求大於供給時，價格就會上漲，直到失衡消失、均衡達成時。依此推論，勞動力之所以不足，係因工資上漲的幅度不夠大，或工資無法上漲，導致勞動需求無法降低與勞動供給無法增加。如此說來，只要工資上漲的幅度夠大，問題就可解決。其實，問題不是如此的容易與簡單。勞動市場不是一個單一的市場，在市場，人力具有內在不同的技術含量，品質不是畫一的，技術與技能不是相同的，之間存有極大的差異。一個專業經理人的人力，絕對不能等於一個非技術性工人的人力，人與人之間的能力是有差異性的。因有差異性，工資就會不同；因有差異性，從事的工作職位也就不同；因有差異性，某類人力在市場的數量會不一樣多。更為重要的，經濟活動的進行，是由不同技能的人所組成的團隊來完成，高技能的人在金字塔的頂端，非技術性工作者在金字塔的底層，通常愈在下層者，人數也就愈多，這可用「將與兵的關係」來形容。因而在人力不同技能含量所形成的金字塔型態，其所對應的各層工資是不同的，在頂端者工資最高，在底層者工資最低。然而，台灣所產生的勞動不足者是以基層勞工為甚，尤其是非技術勞工。

　　工資的提升，不一定會增加勞動供給量，這與勞工的工作意願及工資彈性有關。工資的提升，會有所得效果與價格效果，前者會使勞工數量減少，後者會使勞工數量增加，兩者之間相互抵消。若前者大於後者，工資提升的結果，勞工數量反而減少，這就是後彎的勞動供給曲線。到1980年代初期，台灣已歷經三十多年的經濟發展，國民所得水準已大幅提升，不但脫離貧窮，多數家庭已成小康局面；同時政府在1968年實施九年國民義務教育，

以及國人對教育的重視，乃造成勞動素質結構上的變化，使得非技術性勞工增加趨緩或減少，而技術性人員增加。另者，國人也因所得提高而較不願從事辛苦與危險性高的工作，致工作職位空缺與工作者意願的職位不盡配合。國人若不願工作的職位，不是全靠工資的提升可完全解決，引進補充性外勞是可考量的策略之一。

　　工資的提高，會造成企業勞動成本的上升，再加上當時新台幣升值的強勢走勢，在外銷上以美元所表示的勞動成本增幅更劇，影響產品的國際競爭。由於出口產品接近完全競爭，國內的工資成本增加較難在售價上反應，如此造成工資上漲的不易，或是工資上漲造成較無效率的廠商退出經營，或倒閉，或將生產基地遷移到低廉勞工之國家。

　　1980年代初期，台灣產生全面性勞動力不足時，社會經濟體系的調整有兩方面：

一、更快速度的工資上升

　　1986年到1989年之間，八大行業實質薪資的年上漲率每年分別為7.4%、8.1%、9.6%與11.9%，薪資的上升一年高過一年，顯示勞動市場需求是多麼的殷切，情勢是多麼的嚴峻；而製造業的增長情形也都維持在高檔，上漲率分別為9.3%、9.1%、9.3%與11.1%。工資如此高速度的上漲，顯示因勞動密集產業蓬勃發展所引發的強勁勞力引伸需求，越過勞動供給緩慢的增加，勞動市場處於失衡狀況，所失衡的為基層勞力的短缺，行業中尤以工作較辛苦的營造業與對女工需求較多的紡織及成衣服飾業。

　　在高工資下，依賴勞動密集的產業，漸失國際競爭的優勢，

企業需進行生產技術的提升，以多用資本替代勞動；或因無利潤可言、產生虧損，企業面臨倒閉、停業，或將生產基地遷移海外。總之，在高工資下，無可避免地產生產業結構的調整，使得不具生產效率與競爭力的廠商退出市場，促進產業進一步升級。

二、外國觀光簽證的非法外勞

台灣在1980年代後期的高工資，東南亞國家的勞工以觀光簽證的方式進入台灣，逾期停留，非法打工，行業別以製造業與營造業為主，部分則從事個人服務業的家庭幫傭。1986年起社會開始注意此現象，1987年政府不但關心該問題，該問題也成媒體廣泛討論的對象。外國觀光者持觀光簽證合法入境，卻在台非法打工。因觀光簽證期間短，為了達成在台打工賺錢的目的，他們大都採取逾期停留，主要來源國為泰國、馬來西亞、菲律賓與印尼等。

在那時期，持觀光簽證來台打工者的數量，各方說法不一，政府部門的非正式估計偏低，認為人數在1萬至3萬人，甚至只有數千人；媒體報導的數字偏高，認為有30萬人。張清溪（1989）利用台北市警察局提供的每月入出境人數計算東南亞來台累計淨入境人數，從1985年到1988年有4萬多人；蔡青龍（1990）從境管檔案中分析東南亞國家持觀光簽證者停留在台人數為4.7萬人，逾期者有4.1萬人，逾期有二、三年之久。如再將改變國籍與偷渡者其他因素加入，1989年外勞人數可能超越5萬人。在當時，外勞被查獲者，將之遣送出國，1987年有兩千餘人，1988年則提高到約有8000人。

企業之所以雇用外勞，除補充性因素外，成本為最主要考

量，外勞的工資肯定低於本國勞工，且工時長，不休假，也無退休金，業主並無強制性替其投保。外勞在台的目的，是想在較短期間內能快速賺錢，因而肯加班；又因非法受雇，配合度自然高，業主也樂意雇用。

至於，是否引進外勞，來補充國內基層勞工之不足，在當時，有非常廣泛的討論與評論，持反對意見者，可歸納如下（見張清溪，1989）：

1. 外勞對國內勞動者，會產生替代作用，而使國內失業率上升；
2. 廉價外勞，會阻礙產業升級；
3. 低技術外勞，會壓低國內同質性之勞工，而使所得分配惡化；
4. 外勞的外部社會成本，如階級對立、犯罪提高等；
5. 更加重台灣的人口密度，造成外部的擁擠成本，與提高公共設施投資等；
6. 廉價外勞，可強化出口品的外銷競爭力，使外匯更進一步累積，新台幣升值壓力更大；
7. 外勞較低工資與較差勞動條件，有違基本人權；
8. 短期外勞引進，可能變成長期居留，後患無窮。

然而，基層勞工的短缺已成結構性問題，外勞反而成為補充性勞力的來源，終將走上合法化之途徑。政府為推動六年國建，於1989年10月首次引進外勞參與政府重大建設，以彌補國內勞力之不足，申請人數為6.5萬人，核准人數為4.3萬人。由於政府開

放六年國建的外勞引進，工商界業者以此為例不斷向決策當局呼籲與要求，希望也能比照引進，1991年10月勞委會終於同意開放6行業15種職業給民間業者申請外勞，開啟民間合法雇用外勞之始。此後，業者對外勞的雇用由暗轉明，而外勞也可不必以觀光簽證方式來台非法打工。1992年5月就業服務法完成立法，對外勞雇用情形予以法制法，以法律來規範外勞的雇用與管理，包括對非法外勞的處罰等在內。2007年，在台合法外勞仍在30萬人以上，以補充國內勞工之不足。

第二節　外勞政策的演變與評述

政府的外勞政策可粗分三個時期，分別為以行政命令的外勞管理時期、法制化後的外勞引進擴張時期與民進黨執政緊縮時期。

一、行政命令時期的外勞管理

鑑於國內營造工勞力之嚴重不足，可能使政府推動的重大公共工程受到延宕；同時這些工程的推動，對民間工程的勞力產生互相排擠的後果，而使勞力問題更加嚴重，政府遂於1989年10月公布「十四項重要建設工程人力需求因應措施方案」，首度允許自菲律賓、泰國、馬來西亞、印尼等四國引進外勞，從事營造工作；由於條件過於嚴格，公告一年無人申請，政府乃於1990年9月修正條件後才有公司提出申請而引進外勞。

政府在允許引進外勞合法聘雇之同時，對非法打工之外勞開始加強取締與遣返措施，分別頒布「防杜外國人來華非法工作要

點」與「外國人在華逾期停留暨非法從事工作清查處理計畫」，政策目的是「鼓勵合法聘雇，防杜非法打工」。如此一來，製造業的業者反而成為是項政策執行下的犧牲者：在外勞引進上無法獲得配額，且政府又斷了雇用非法外勞的線。因此，他們強烈要求政府能比照辦理，允許製造業業主也能引進，以解決缺工問題。1991年10月政府公告「因應當前人力短缺暫行措施」與「受理六行業之十五種職業專案申請聘雇海外補充勞工程序」，勞委會同意開放紡織業等6行業中屬於辛勞性高、作業環境較艱苦而國人較不願工作之15種職業，於國內招募不足時以專案申請，所聘雇之外勞為補充勞工之性質，名額上限為1.5萬人。

另外，鑑於殘障者或中風癱瘓者的家庭對看護工的需求，勞委會於1992年4月開放家庭聘雇外籍看護工，無名額限制，但有申請資格限制。

當時，外勞政策的四大面向，其原則分別為：

1. 補充國內基層勞工不足，保護國人的就業權益；
2. 不得為變相移民；
3. 不影響社會治安；
4. 不妨礙產業升級與經濟發展。

因而，執行的要點為：

1. 不全面開放引進；
2. 目的在於解決業主勞力不足的問題，不在於勞動成本的降低；

3. 審慎執行並有效防範其對經濟與社會可能不利的影響；
4. 嚴格取締非法外勞打工與遣返作業，無就地合法化的問題；
5. 嚴格處罰非法雇用或仲介者；
6. 對外勞引進是否開放擴大，將視整體經濟社會發展及現行措施利弊得失而定；
7. 審慎規劃及選擇外勞之來源國。

二、法制化後時期的外勞引進

政府開放外勞引進後，開放外勞已成不可擋之趨勢。外勞政策，除需參照國家整體經濟情勢、勞力供需情況而釐訂外，有關外勞的核配與管理，是不可避免的問題，從法制面著手，爲正本清源之途。政府於1989年開始研擬「就業服務法」草案，1992年5月完成該法案的立法，使得外勞政策有法律基礎。

就業服務法頒布實施後，依該法政府陸續制定「違反就業服務法罰鍰案件處理要點」、「外國人聘雇許可及管理辦法」、「私立就業服務機構許可及管理辦法」、「就業安定費繳納辦法」、「就業服務法施行細則」等，作爲執行層面的法規與辦法。就業服務法中將專門性、技術性外勞與非技術性外勞分別規範，對非技術性外勞，不但採取許可制，也嚴格限制來台工作期限。開放外勞引進的工作類別，計有：家庭幫傭、受理政府重大工程得標之業者、漁業工作者、家庭醫療看護、精神病收養機構看護，與一些重要的外銷行業或與產業發展有重要關聯的產業等；外勞居留期限，最長爲二年，期滿後可延長一年；在台工作期間，不得更換工作。

　　對外勞的雇用，在政策執行上為權宜補充措施，須先在國內刊登求才廣告，政府成立「產業勞動力需求評估小組」，對外勞的補充性、引進適量、開放對象與公平性等提供建議，同時成立外勞核配之分配小組，公平進行分配事宜。由此顯示，政府對外勞是採取「限業、限量、與限期」之管理政策，以暫時解決產業勞力不足的問題。

　　就業服務法實施後，由於未獲外勞核配的產業，不斷向政府施壓，要求放寬，因而可引進外勞的行業種類不斷增加，1992-1995年為政府比較密集公布外勞可引進的行業別、工作類別與開放名額。1992年8月政府開放家庭幫傭、養護機構看護工與漁船船員的申請，9月開放68種行業外勞的申請，這些行業為重要外銷行業，或為與產業發展具重要關聯性行業，或為工作性質辛苦、缺工嚴重、且對產業發展仍具重要性之行業。家庭幫傭以一戶一人為限，申請者需先刊登求才廣告，而外傭應年滿25歲且曾有家事服務訓練而有證明文件者，開放申請名額為7,000人，後增為8,000人。看護工的開放無名額限制，申請者為養護機構、與社會福利機構，及家中有未滿12歲之子女、或有70歲以上直系血親之尊親者。漁船船員的開放也無名額限制，但申請者的條件為漁船需在20噸以上，外籍船員不得超過漁船標準員額之1/3。產業外勞就需核配操作，事業單位未達10人者不得參與分配，在100人以下者為總額之30%，超過100人者，按公式核配人數。

　　1993年繼續開放產業外勞。由於之前開放名額在核配下尚未用盡，該年1月政策改採「務實原則」，凡事業單位已引進外勞超過50人者不得申請，在行業別方面又增加製傘業與食品加工業等5行業，變為73種行業。5月開放染整、陶瓷、水泥、沖剪、棉

紗與石材6種行業的特許優惠專案，無名額限制，也無總額比例規定，這說明業者要多少政府就許可多少。8月對原開放外勞引進的73種行業中，若有新設廠、擴充新設備而有營運事實者，可專案申請外勞，也無名額限制，但需依員工總額之30%來核配。政策的走向轉為寬鬆，反而擴大外勞可雇用的行業種類與名額，使得外勞在台人數急速增加；而國內的缺工現象也大幅下降，由1989年5.16%降到1993年2.82%。1993年12月，並暫停外籍家庭幫傭的申請案。

1994年3月，對重大工程的外勞核配辦法，改以「工程經費法」人力需求模式來核算所需員工之65%為核配上限。外勞政策似有緊縮現象，其實不然。政府只是凍結新申請案，已獲准而尚未用完之核配數仍可繼續引進外勞，屆滿者可重新申請，重大投資與經建案，經政府商議後仍可專案申請引進外勞。此外，政府於1994年8月到10月間開放經濟部加工出口區及科學園區、3D專案、重大投資製造業與營造業的外勞引進。對加工出口區及科學園區之事業單位，依員工總額之30%核配，本國員工未滿10人者排除在申請外，而事業單位所雇外勞人數需在5人以上。至於3D專業，核配比例提高到35%。凡本國員工人數在10-14人者得核配5人。對重大投資製造業之開放對象為，3年投資在2億元以上，其中機械設備及廠房投資達1億元以上，且經經濟部列為重大投資者，其核可引進外勞人數為投資時預估之合理生產線人數之30%；而對重大投資營造業之開放對象為：製造業重大投資廠房興建工程或公私立學校、社福機構及醫院興建工程得標者，其工期達一年半以上者，可引進外勞的數量，依工程經費之人力需求之50%核配。綜而言之，1994年的外勞政策，更趨寬鬆，行業別

與職業種類又更加擴大。也因寬鬆的外勞雇用政策，使得外勞在台工作人數快速增加，1994年底已越過15萬人。

　　1995年的外勞政策，在開放數量上仍在增加，5月開放織布業等7行業申請引進外勞，11月再次提供8000名額之外籍家庭幫傭。另在行政管理方面，7月成立「勞委會職業訓練局外籍勞工作業中心」，同年10月將「產業勞動力需求評估小組」改編為「外籍勞工政策評估小組」，更能落實與突顯該小組在外勞政策上所扮演角色。為了仲介市場的秩序，政府發布「外籍勞工仲介公司業務代表證實施要點」，目的在於防杜非法仲介公司對市場的擾亂與建立合法者辨識制度。

　　從1992年就業服務法立法執行到1995年，外勞開放的程度愈來愈寬，與早期所揭示的「限業限量限期」之暫時性、補充性的原則不盡相同，反而有長期性依賴外勞替代性之嫌，致使外勞人數達18.9萬人。當初立法的本意，是期使政府藉二年期滿重新申請公告，彈性調整外勞開放名額與核配比例，以保障國人的就業權益。然而，外勞人數卻年年在增加。

　　1996年因經濟衰退，國內失業率開始攀升，而外勞對國人確實產生替代就業現象。因此當期滿重新申請公告時，其配額固可再循環使用二年，但核配比例皆下調。為鼓勵業主多雇用國人，凡雇用原住民與殘障者，外勞核配比例較高；重大工程而雇用原住民者，每雇用一名則可增加外勞配額二名，直到原配額比例為止。1997年3月，政府公告業主於申請日前二年內曾資遣或解雇本國勞工達一定數額與比例者，外勞申請不予許可，以防止外勞之替代就業現象。1998年2月，外勞政策調整為「適中帶緊」，凍結製造業外勞配額，並於期滿後再申請時配額調降5%；同時也

凍結外籍家庭幫傭之配額,其申請資格條件由未滿12歲之子女共同生活,改為6歲以下之子女。由於經濟持續低迷,一些業主資遣本國勞工,反而留用外勞,如此導致加大緊縮對外勞引進的開放。1998年12月外勞政策評估小組修正決議,將製造業行業於期滿後再申請時由原先決議的配額調降5%改為10%,同時也規定業主若有大量解雇本國勞工或曾發生勞資爭議事件者不得引進外勞。

然而,鑑於外勞在台人數的眾多,為加強管理,1997年與1998年政府執行下列有關管理上的工作:

1. 整合外勞指紋資料,並建電腦聯合檔案;
2. 透過駐外單位,檢核核發良民證之誠實狀況;
3. 專案加強查緝非法外勞;
4. 外勞曾有犯罪紀錄與事實者,立即遣送出境;
5. 對逃跑外勞達一定比例之外勞輸出國予以人數管制;
6. 提案修正就業服務法及相關法規,加重處罰非法仲介、非法外勞及其雇主。
7. 為加強外勞管理,1998年7月正式啓用全國外勞資訊管理系統。

自政府開放製造業重大投資案後,該案引進外勞人數快速增長,尤其是高科技產業,1999年6月政策評估小組將申請案的門檻由投資金額2億元以上調升為5億元以上,核配比例由24%調降到15%,而非高科技產業調降到20%。1996年8月規定產業外勞之業主申請案,須參加公立就業服務機構所辦理的徵才活動,否則

不予許可。1999年11月起開放越南勞工來台工作。

就業服務法立法執行後，外勞雇用政策從快速擴張到適中帶緊，外勞在台人數也從快速增長到增長緩慢，然而人數卻是一年比一年多，一直都在增加中，1999年底接近30萬人，而國人的失業率也攀升到2.84%。由於所引進的外勞，與國內基層勞工是屬於同一屬性，具高替代性，因而國內失業率愈高，愈會有強大壓力要求政府緊縮外勞引進。

就業服務法立法通過後，分別於1997年5月與2000年1月修正部分條文。第49條的修正，外勞在台工作期限，申請展延後最長達三年半。第51條的修正有關就業安定費的辦理事項，以及費額訂定的考量因素，同時附帶要求勞委會提出費額調整方案，加強直接聘雇之可行性與外勞工資方案等送立法院。

三、民進黨執政時期的緊縮政策

2000年政黨輪替，民進黨獲得執政。在總統大選期間，鑑於國內失業率節節攀升，陳水扁競選的外勞政見最主要者為每年減縮1.5萬人外勞引進數量，因而新政府的外勞政策將國民黨時期的適中帶緊政策改為緊縮政策。在此政策下，促請業主多雇國人，讓失業者有再就業的機會；同時對原先核配比例予以調降外，外勞引進的條件也趨嚴格，甚至停止某行業的外勞引進。

2000年7月，政府公告重大工程得標者申請外勞時，需優先進用國人，再依國人雇用人數1人而核准外勞引進1人，雇用原住民1人而核配外勞2人，國人的雇用與外勞的核配發生連動，以資激勵。同時修正申請家庭外籍看護工的資格，規定受監護人需持有身心障礙手冊而屬「特定身心障礙」情形者，或經合格醫院醫

師開具診斷證明而簽註有罹患「特定病症」情形，且其巴氏量表評分總分為20以下者，才得核配。2001年5月對營造工人的引進策略更趨緊縮，公告停止新得標之重大工程申請引進外勞。

外勞緊縮政策的結果，外勞在台人數2000年還是繼續增加，總數達32.6萬人，到2001年卻達緊縮目標，人數下降為30.5萬人，比前年少2.1萬人。國內的失業率也從2.78%攀高到4.22%。為進一步能促使國內失業率的降低，2002年10月政府公告為配合促進國人就業機制，適度調整製造業重新招募外勞刪減比例，刪減核配比例仍維持10%，如雇主雇用本國勞工，每增聘3名則減少刪減外勞1名，最低至刪減外勞配額的5%。無奈，2002年國內失業率攀升到歷史的最高點，達5.02%。而外勞在台人數漸呈停滯現象，2002年為30.4萬人，只比前一年少約1,000人而已；2003年再微幅下降，人數為30萬人，似乎在台外勞人數能下降的空間有限，而國內失業率仍維持在高檔，在4%以上。此時，為因應辛苦工作的缺工，尤其是營造工，政府於2003年6月開放BOT案的外勞營造工之申請，該年12月又受理民間投資重大經建工程者申請外籍營造工；2005年5月，政府美其名為避免產業缺工、勞力不足而造成公共建設施工進度延宕，並基於保障國人就業權益、兼顧經濟社會發展需要，開放政府重大經建工程引進外籍營造工。2006年11月為紓解重大工程缺工問題，將重大工程調派比例放寬至30%。2007年2月發布專案核定機構投資或發包興建之重大經建工程聘雇外籍營造工，得提高核配外籍營造工比例，最高不得超過40%。

在製造業方面，採取的政策如同營造業般，較2000年開放。2005年4月為考量外勞分配機制的合理性及傳統製造業申請聘雇

外勞投資金額門檻過高等事宜，修正相關辦法；同年12月勞委會
完成規劃並公告「製造業辛苦產業勞動力補充方案」，限量開放
19項辛苦行業之特定製程，引進2萬名外勞，並自2006年起實施。
2006年9月繼續開放第2次製造業具有特定製程之20項產業業主
申請外勞，名額為7,575名；同年12月針對生產線機器，須持續或
於特殊時程運作，須輪班生產等產業之夜班勞動力不足之問題，
開放製造業特殊時程之45項產業業主申請外勞，名額1萬名。2007
年10月開放3D三班產業申請聘雇外勞。

　　到2006年，國內失業率雖有降低，但仍維持在3.84%之高水
準，而外勞在台也因政策趨寬而使人數越過2000年的高峰，達33.9
萬人，2007年已越過34萬人。

　　為了強化外勞的管理與權益，2001年正式簽署「中菲直接聘
雇外勞備忘錄」，推行國與國引進模式，經由國與國直接聘雇方
式，可為外勞減少仲介費、縮短聘雇流程及保障外勞人權。2002
年8月起全面暫予停止印尼籍外勞的引進，原因為在調降外勞仲
介費措施上，該國政府未能配合執行；而印勞逃跑率年年升高；
又該國政府規定台灣仲介公司需代扣並匯款印勞第一年每月新
台幣三千元保證金回印尼，否則將廢止台灣仲介公司之認可，嚴
重影響勞工及台灣仲介公司權益。2004年12月起重新開放印尼籍
勞工之引進。2005年1月暫時停止自越南引進家庭看護工及家庭
幫傭之招募申請案，主要原因為他們有逃跑與行蹤不明的案例甚
多。2005年7月起對雇主申請泰國籍勞工案恢復正常審核程序。
在外勞來源國分散方面，2004年1月起開放蒙古籍外勞之引進。
2007年6月的修法，將藍領外勞累計在台工作年限從6年延長為9
年。2007年7月起分流管制社福類與產業類的外勞人數。

第三節 雇用外勞的部門

一、外勞雇用總量分析

　　就業服務法通過實施後，對外勞的雇用數量呈跳躍式的增加，1992年為1.6萬人，1993年就增到9.8萬人，1994年變為15.2萬人，之後增幅趨緩，於2000年達32.6萬人。2001年為自石油危機以來台灣最嚴重的經濟衰退，經濟增長為負的2.17%，失業率也攀升到歷來最高的水準5%，因而對外勞的引進也採取緊縮政策，減少引進數量，此時外勞在台人數才開始減少，於2003年達最低點，人數為30萬人。由於緊縮外勞，產生營造工程延宕，而國內失業率並沒有因外勞緊縮而降低，政府改採業主增聘國人與核配外勞連動掛鈎的政策，2004年起外勞在台人數又開始緩慢增加，於2006年達33.9萬人。

　　外勞參與台灣工作，提供勞務，其所占勞動力的比例，當然隨雇用量的增加而提高。1992年外勞所占比例只有0.18%，1993年就跳到1.1%，之後持續上升，於2000年達3.34%。政府緊縮政策的實施，人數當然下降，比例自然跟著滑落，2003年的比例掉落在3%以內，2006年又回升到3.22%。

　　台灣的外勞，除來自東南亞五國，分別為泰國、馬來西亞、菲律賓、印尼與越南外，2004年也加入蒙古籍外勞。然而在台灣，有相當數量的大陸勞工，他們以依親、探親，或其他名義或偷渡來台打工，自1980年代，台灣遠近海漁業在境外即持續雇用大量大陸漁工，這些在政府官方的統計資料中都沒有完整的呈現。

表9.1　在台合法外勞人數

單位：人，%

	外勞人數	占勞動力比例	失業率	所占比例	
				社福外勞	產業外勞
1992	15,924	0.18	1.40	4.20	95.80
1993	97,565	1.10	1.29	7.71	92.29
1994	151,989	1.67	1.43	8.85	91.15
1995	189,051	2.05	1.63	9.21	90.79
1996	236,555	2.54	2.35	12.79	87.21
1997	248,396	2.63	2.51	15.75	84.25
1998	270,620	2.83	2.37	19.72	80.28
1999	294,967	3.05	2.84	25.36	74.64
2000	326,515	3.34	2.78	32.57	67.43
2001	304,605	3.10	4.22	37.08	62.92
2002	303,684	3.05	5.02	39.75	60.25
2003	300,150	2.98	4.98	40.18	59.82
2004	314,034	3.07	4.41	41.74	58.26
2005	327,396	3.16	4.10	43.99	56.01
2006	338,755	3.22	3.84	45.40	54.60

資料來源：勞委會，《勞動統計年報》，2007年。

　　表9.2為官方統計的外勞在台人數，馬來西亞的人數持續下降，而越南籍外勞於1999年加入以來，人數快速增長。外勞中，菲律賓籍與泰國籍自始至終皆為主要的來源國，其比例都在20%以上。泰國籍外勞，從1994年起，人數就在10萬人以上，最高時達14萬人，而於2005年後降到10萬人以內。泰國籍外勞在台人數雖多，但無成長，致使比例由1994的69.18%持續降到2006年27.42%。菲律賓籍的外勞，人數由1994年3.8萬人持續增到1998年11.4萬人，比例也由25.31%提高到44.22%，之後人數與比例開始下滑，於2002年分別達6.9萬人與22.86%，而後又開始上升，2005

年分別爲9.6萬人與29.23%。印尼籍的外勞，由1994年0.6萬人起，人數持續增加，到2002年達9.3萬人，比例也從3.96%升到30.69%，之後由於政府暫停該國外勞引進而使人數遽減，於2004年底開放前人數達2.7萬人，比例降到8.69%，2006年人數與比例回升到8.5萬人與25.16%。越南籍外勞，於2004年人數與比例達9萬人與28.74%，政府在2005年1月暫停該國看護工引進，也造成人數與比例的下降，2006年分別爲7.1萬人與20.86%。

表9.2　在台外勞之國家別

單位：人，%

	人			數		比				例
	總計	印尼	馬來西亞	菲律賓	泰國	越南	印尼	馬來西亞	菲律賓	泰國	越南
1994	151,989	6,020	2,344	38,473	105,152	0	3.96	1.54	25.31	69.18	0.00
1995	189,051	5,430	2,071	54,647	126,903	0	2.87	1.10	28.91	67.13	0.00
1996	236,555	10,206	1,489	83,630	141,230	0	4.31	0.63	35.35	59.70	0.00
1997	248,396	14,648	736	100,295	132,717	0	5.90	0.30	40.38	53.43	0.00
1998	270,620	22,058	940	114,255	133,367	0	8.15	0.35	42.22	49.28	0.00
1999	294,967	41,224	158	113,928	139,526	131	13.98	0.05	38.62	47.30	0.04
2000	326,515	77,830	113	98,161	142,665	7,746	23.84	0.03	30.06	43.69	2.37
2001	304,605	91,132	46	72,779	127,732	12,916	29.92	0.02	23.89	41.93	4.24
2002	303,684	93,212	35	69,426	111,538	29,473	30.69	0.01	22.86	36.73	9.71
2003	300,150	56,437	27	81,355	104,728	57,603	18.80	0.01	27.10	34.89	19.19
2004	314,034	27,281	22	91,150	105,281	90,241	8.69	0.01	29.03	33.53	28.74
2005	327,396	49,094	13	95,703	98,322	84,185	15.00	0.00	29.23	30.03	25.71
2006	338,755	85,223	12	90,054	92,894	70,536	25.16	0.00	26.58	27.42	20.82

資料來源：勞委會，《勞動統計年報》，2007年。

就2006年言，在台外勞的國籍，仍以泰國、菲律賓、印尼與

越南為主，他們個別所占比例至少不低於20%，合計起來可說是
包辦了台灣的外勞（比例高達99.98%），而蒙古籍與馬來西亞籍者
寥寥無幾。

二、各部門別外勞雇用量比較分析

外勞的工作類別分為產業外勞與社福外勞，前者在生產線上
工作，行業別的職業為漁業之船員、營造業的營造工與製造業的
現場操作員或體力工等，後者在個人服務業工作，分別為家庭幫
傭或看護工。產業外勞與社福外勞在雇用數量上產生結構性的變
化。台灣之所以會引進外勞，主因於營造業與製造業基層勞工的
不足，因而在1990年代初期皆以產業外勞為主，而家庭幫傭與看
護工的外勞居於不重要的地位。當台灣經濟轉為衰退，失業率開
始攀升時，因產業外勞與本國基層勞工具有替代現象，政府就開
始緊縮外勞引進。另一方面，台灣社會已邁入高齡化社會，老年
人口增加，因老人失智、失能等因素，就需長期照顧的看護工，
因而個人服務業的外勞，即使在緊縮期間仍持續增加，其人數由
1992年的669人，增到1993年的7,525人，到2006年為15.4萬人，
所占外勞比例也從4.2%持續增到45.4%。

產業外勞所占比例自然就持續下降，由1992年95.8%降到
2006年的54.6%。產業外勞的行業分農業（漁業）、營造業與製造
業三類，漁業者所占比例最少，尚未達1%，人數未越過3,500人，
算是雇用人數最少的行業。不過，若加上大陸漁工，人數也是可
觀。營造業人數持續下降，由1998年的4.8萬人降到2006年的1.2
萬人，比例也由17.72%降到3.47%。製造業的人數為外勞工作行
業中最多者，1998年就有16.8萬人，2006年也有17萬人。由於外

勞人數持續增加,製造業的比例反而從62.14%降到50.16%。

表9.3　在台外勞之產業分布

單位:人,%

	人			數	比			例
	總計	農業	製造業	營造業	服務業	農業	製造業	營造業	服務業
1998	270,620	1,109	168,173	47,946	53,392	0.41	62.14	17.72	19.73
1999	294,967	993	173,735	45,446	74,793	0.34	58.90	15.41	25.36
2000	326,515	1,185	181,998	37,001	106,331	0.36	55.74	11.33	32.57
2001	304,605	1,249	157,055	33,367	112,934	0.41	51.56	10.95	37.08
2002	303,684	2,935	156,697	23,341	120,711	0.97	51.60	7.69	39.75
2003	300,150	3,396	162,039	14,117	120,598	1.13	53.99	4.70	40.18
2004	314,034	3,089	167,694	12,184	131,067	0.98	53.40	3.88	41.74
2005	327,396	3,147	166,928	13,306	144,015	0.96	50.99	4.06	43.99
2006	338,755	3,322	169,903	11,745	153,785	0.98	50.16	3.47	45.40

資料來源:勞委會,《勞動統計年報》,2007年。

(一)服務業外勞雇用情況

　　個人服務業的外勞分家庭幫傭與看護工二類。引進初期,家庭幫傭的人數大大地超過看護工,之後政府緊縮外籍幫傭的申請案,因而人數從1996年達1.4萬人之後,就開始遞減,2006年只有2,394人;個人服務業的外勞反而以看護工為主,人數達15.1萬人,在個人服務業中比例占到98.44%。台灣之所以會有如此多的看護工外勞,最主要的因素是與人口高齡化有關。因為在高齡化社會,許多老人需要整天看護,外勞願為,本國勞工不願為。

(二)漁業外勞與大陸漁工

　　漁業是辛苦行業,也是高風險行業,更是看天吃飯而呈現收

表9.4 服務業外勞之行業別

單位：人，%

	人	數		比	例
	看護工	家庭幫傭	合計	看護工	家庭幫傭
1992	306	363	669	45.74	54.26
1993	1,320	6,205	7,525	17.54	82.46
1994	4,257	9,201	13,458	31.63	68.37
1995	8,902	8,505	17,407	51.14	48.86
1996	16,308	13,947	30,255	53.90	46.10
1997	26,233	12,879	39,112	67.07	32.93
1998	41,844	11,524	53,368	78.41	21.59
1999	67,063	7,730	74,793	89.66	10.34
2000	98,508	7,823	106,331	92.64	7.36
2001	103,780	9,154	112,934	91.89	8.11
2002	113,755	6,956	120,711	94.24	5.76
2003	115,724	4,874	120,598	95.96	4.04
2004	128,223	2,844	131,067	97.83	2.17
2005	141,752	2,263	144,015	98.43	1.57
2006	151,391	2,394	153,785	98.44	1.56

資料來源：勞委會，《勞動統計年報》，2007年。

入不穩定之行業。漁業因過漁而捕獲量減少，在本國船員分紅制實施下，船主的利益變少，船員收入也變低，本國船員棄而離漁就工，船主因利益考量轉而以較低的固定工資聘雇外籍船員，非法引用大陸漁工，繼續經營漁業(見陳清春、王金利，1992；王金利，2007)。

漁業因「船員荒」，早在就業服務法實施前就在境外聘雇大陸漁工，主要漁港外定泊的非法海上船屋，就是大陸漁工的海上旅館，這是他們的中途之家，也是仲介轉進站，更是等待出海作

業的漂泊棲身之所 [2]。由於在就業服務法、兩岸人民關係條例與國家安全法的規範下，大陸漁工不得登上台灣土地，業主的權宜之計就在漁港外設置海上旅館。由於海上暫置大陸漁工所衍生的人道、安全、管理及衛生等問題，引起國際人權團體關切，所以監察院也提出糾正；2001年4月政府以「境外雇用作業，過境待業暫置」權宜方式，允許大陸漁工隨船進入指定漁港安置；2003年9月農委會發布「大陸船員暫置漁船檢查及設備規範」，而於2003年12月起實施大陸漁工「開放進港暫置」，許可大陸漁工以過境方式進入台灣地區設有岸置處所或劃設暫置碼頭區之指定漁港暫置，海上旅館的惡名自此消失。

　　台灣漁船船主對外籍船員與大陸漁工的依賴程度，可從漁船出海作業時，允許雇用外籍船員比例見之，從1991年由1/4改為1/3，於1993年又改為1/2。後來演變的結果，不但普通船員普遍不足，連幹部船員也發生短缺現象。

　　據陳清春(1993)的研究，單就遠洋作業漁船雇用大陸漁工就高達1.2萬人次，所占比例達48%；又陳清春與王金利(1994)所做的調查研究，台灣所雇用的大陸漁工年約2.5萬人次。漁業署的統計資料顯示，1997年大陸漁工的雇用，報備船次有4,726艘，人數有1.8萬人次；2001年則分別為2.8萬艘與7.9萬人次。表9.6列出2005年到2007年大陸漁工與外籍船員的人數，大陸漁工足足比外籍船員多出倍數以上。由於同文同種，較少語言上的溝通障礙，

2　1994年上半年，非法海上船屋蘇澳港外有七艘，東港港外有5艘，蕃仔澳漁港有15艘，小琉球大福漁港外有1艘，全定泊在距岸邊僅一箭射程之遙的港灣外，所收容的大陸漁工達1,600人左右。

表9.5　歷年來大陸漁工相關措施及其內容

年　份	主　　　　要　　　　事　　　　件
1976	農委會准許國外基地作業漁船雇用外籍船員，以補充作業人力之不足，但不得超出全船船員總人數的四分之一。
1991	農委會通過「雇用外籍船員管理規定」，漁船雇用外籍船員人數比例由1/4改為1/3；漁船噸位數在20噸以上者方能雇用，同時限制其上岸而集中於外籍船員接待中心管理。
1992	(1)「就業服務法」完成立法，通過實施。 (2)行政院勞委會核布外籍船員開放引進。
1993	放寬外籍船員雇用比例由1/3改為1/2。
1995	7月29日農委會公告「台灣地區漁船船主在台灣地區離岸12浬外海域雇用大陸地區船員暫行措施」，允許台灣地區漁船船主，在台灣地區離岸12浬外海域，接駁雇用大陸船員，協助漁撈作業。
1998	2月18日農委會訂頒「台灣地區漁船船主接駁受雇大陸地區船員許可辦法」，同意雇用大陸船員隨船進入12浬內劃定海上錨泊區暫置等待接駁。
1999	發生「金慶12號」喋血事件，大陸船員合法權益保障問題漸行浮現。
2001	(1)海上暫置大陸船員所衍生的人道、安全、管理及衛生等問題，引起國際人權團體關切，同時監察院提出糾正。 (2)中國大陸於12月29日發布「關於全面暫停對台漁工勞務的通知」，嚴格要求大陸仲介公司全面暫停對台灣派出船員。
2002	大陸停止對台灣船員輸出，農委會於7月31日公告「獎勵漁船船主雇用外籍船員計畫」，鼓勵我國漁船船主雇用大陸籍以外之外籍船員上船工作。
2003	農委會9月15日發布「大陸船員暫置漁船檢查及設備規範」，並於12月1日起實施大陸船員「開放進港暫置」措施。
2006	大陸國台辦2月8日宣布恢復對台灣漁船船員派出，並希望與台灣民間團體洽談改善大陸船員福利待遇、保險、建立風險保證金制度及兩岸對口單位等事宜。

資料來源：本研究整理。

而大陸漁工在為台灣漁船受雇前已有基本海上作業經驗，以及較

勤快與刻苦耐勞等因素，台灣船主對大陸漁工在補充性船員的勞動力上，依賴頗深。

表9.6　大陸漁工與外籍船員人數與比例

單位：人，%

	人	數		比	例
	總數	大陸漁工	外籍船員	大陸漁工	外籍船員
2005年6月	11,462	8,604	2,858	75.06	24.94
2005年12月	11,247	8,100	3,147	72.02	27.98
2006年6月	11,270	8,047	3,223	71.40	28.60
2006年12月	10,447	7,125	3,322	68.20	31.80
2007年6月	10,681	7,025	3,656	65.77	44.23

資料來源：勞委會與漁業署，2007年。

（三）國籍別外勞的產業分布

其實，不同國籍的外勞，在產業分布上也會不同。依2006年資料觀察，漁業者以印尼為主，菲律賓與越南次之，泰國籍者少之又少。在製造業方面，以泰國為主，菲律賓次之，越南再次之，而印尼比例最低。在營造業方面，最主要為泰國籍，所占比例高達81.81%。在個人服務業方面，以印尼籍與越南籍為主，所占比例分別為49.14%與30.41%，而菲律賓籍的比例也有18.93%。至於製造業各行業的外勞國籍分布情形，請參閱表9.7。

第四節　雇用外勞所衍生的問題

一、仲介功能與管理

外勞的引進，係對異國人力的運用，在招募與聘雇事宜上也

表9.7　2006年以產業別與國籍別分之外勞

單位：人，%

	人			數			比			例	
	總計	印尼	菲律賓	泰國	越南	其他國家	印尼	菲律賓	泰國	越南	其他國家
總計	338,755	85,223	90,054	92,894	70,536	48	25.16	26.58	27.42	20.82	0.01
農業（國內外船員）	3,322	1,773	833	13	703	0	53.37	25.08	0.39	21.16	0.00
製造業	169,903	7,828	58,753	80,955	22,336	31	4.61	34.58	47.65	13.15	0.02
食品業	5,307	244	1,535	2,744	784	0	4.60	28.92	51.71	14.77	0.00
紡織業	22,454	1,228	4,321	13,459	3,439	7	5.47	19.24	59.94	15.32	0.03
成衣及服飾品業	1,459	106	434	581	338	0	7.27	29.75	39.82	23.17	0.00
皮革及毛皮業	1,311	73	109	842	287	0	5.57	8.31	64.23	21.89	0.00
木竹製品業	858	156	121	500	81	0	18.18	14.10	58.28	9.44	0.00
家具及裝設品業	300	22	39	211	28	0	7.33	13.00	70.33	9.33	0.00
紙漿及紙製品業	3,415	289	729	2,013	384	0	8.46	21.35	58.95	11.24	0.00
印刷及有關事業	327	27	51	212	37	0	8.26	15.60	64.83	11.31	0.00
化學材料業	1,876	164	386	1,072	254	0	8.74	20.58	57.14	13.54	0.00
化學製品業	1,653	139	347	937	229	1	8.41	20.99	56.68	13.85	0.06
橡膠製品業	4,448	113	439	3,331	565	0	2.54	9.87	74.89	12.70	0.00
塑膠製品業	10,255	615	1,911	5,974	1,748	7	6.00	18.63	58.25	17.05	0.07
非金屬礦物業	6,174	295	1,367	3,602	909	1	4.78	22.14	58.34	14.72	0.02
金屬基本工業	10,434	830	1,198	7,404	1,001	1	7.95	11.48	70.96	9.59	0.01
金屬製品業	19,533	1,051	3,123	12,621	2,730	8	5.38	15.99	64.61	13.98	0.04
機械設備業	7,959	346	1,417	5,281	915	0	4.35	17.80	66.35	11.50	0.00
電腦通信視聽電子	11,264	96	9,013	1,319	836	0	0.85	80.02	11.71	7.42	0.00
電子零組件業	37,031	1,065	24,334	6,596	5,035	1	2.88	65.71	17.81	13.60	0.00
電力機械器材設備業	10,261	374	4,707	3,700	1,475	5	3.64	45.87	36.06	14.37	0.05
運輸工具業	8,286	336	1,242	6,008	700	0	4.06	14.99	72.51	8.45	0.00
精密器械業	1,010	74	636	193	107	0	7.33	62.97	19.11	10.59	0.00
雜項工業	4,288	185	1,294	2,355	454	0	4.31	30.18	54.92	10.59	0.00
營造業	11,745	45	1,361	9,608	730	1	0.38	11.59	81.81	6.22	0.01
社會服務及個人服務業	153,785	75,577	29,107	2,318	46,767	16	49.14	18.93	1.51	30.41	0.01

資料來源：勞委會，《勞動統計年報》，2007年。

就相對複雜。如何在來源國招募、篩選與職前訓練;招募後,需辦理健檢、入境手續與相關事務;引進後還有各項服務,如對雇主與外勞的協助、諮詢與輔導、轉換雇主與工作等。台灣大量引進外勞,整個社會需要仲介業的各項服務,人力仲介業因而衍生。仲介業需有專業,有效率,具公平,為有秩序的市場運作;然而,有時運作卻違反市場秩序與人道。

政府為對仲介業進行管理,1992年頒布「私立就業服務機構許可及管理辦法」,內容包括就業服務機構的種類、服務事項、專業人員數額與職責,仲介業的資本、申請設立許可條件、文件、程序、核發、變更與管理等。然而,仲介業者良莠不齊,一些非法與劣質者,有時與雇主聯合,或官商勾結,剝削外勞,侵犯基本人權,採行不人道的管理,施與不平等的待遇,女性遭受性侵,或變為商品化,或為奴工,壓榨勞力,強迫加班,積欠薪資等問題,層出不窮[3]。驚動社會最大的事件,莫過於2005年8月所爆發的高雄捷運泰勞的暴動案,使得台灣反而變成背負侵犯基本人權的國家。爾後,政府為亡羊補牢,開始強化仲介業的管理,建立退場機制,推行國與國直接聘雇,與提升仲介服務專業人員素質等工作。

政府每年委託辦理就業服務專業人員測驗考試,以提升就業服務專業人員素質及專業知識。依管理辦法,政府對就業服務機構得進行評鑑,2005年將評鑑結果公布,目的在於提供資訊與促

---

3 2005年8月爆發高雄捷運泰勞抗爭後,於該年11月公益信託法治斌教授學術基金舉辦公法與公共政策論壇,主題就是新奴工制度,台灣外勞政策研討會,所研討內容皆以外勞受迫害為主,分別從法律面、政治面、制度面與社會面等分析其背景、形成與事實。

進品質提升；2006年11月建置「私立就業服務機構管理資訊系統」，俾利仲介管理及資料整合；2007年1月修改管理辦法，對評鑑結果為C級、且未改善者，將不予換證，實行獎優汰劣的退場機制。政府對仲介業者已不斷強化管理。然而，對仲介業者的管理，不僅僅在管理法規的完善與落實上，提倡人性化商業倫理的價值也不可忽視。

推行國與國直接聘雇制度，不但是對私立仲介業主另一種替代服務方案，也可減輕外勞與雇主仲介費的負擔。2007年12月政府成立「直接聘雇聯合服務中心」，除具上述所陳之優點外，也可簡化雇主聘雇外勞之程序。

二、外勞在台工作所衍生的問題

外勞在台的基本權益，政府既然開放引進，在人道立場與國際公約下，理應與國人相同；工作權益，在國民待遇原則下，同樣享有勞動基準法與相關法規上應有的待遇，如勞動契約、職災預防、工資與工時等，不因為外勞而受歧視，而政府也有義務給與保障。外勞因出門在外，人地生疏，基於人道立場，其生活權益應予重視，不但對其接納，促進其對台灣社會的瞭解，建立輔導調適機制，同時也應尊重其飲食文化、宗教信仰等，與適當的休閒娛樂。

然而，自開放引進外勞以來，對外勞在工作與生活上的不平等與不人道的對待，常被媒體披露，最嚴重者莫過於高雄捷運泰勞的抗暴案，以標榜人權治國的民進黨執政時發生如此震驚全球案件，實為諷刺。政府為落實對外勞雇用的管理，保障其基本權益，在執行面也進行許多工作項目。在各縣市成立「外勞諮詢服

務中心」，聘雇通曉外勞母語人士，提供各項諮詢服務與輔導；設置「外勞業務檢查員」，不定期不定點進行查訪活動，辦理違法外勞之查察，與幫傭及看護工之訪視；在勞委會並設有四種語言的外勞申訴專線；設置「外勞庇護中心」，臨時安置因故外勞。為獎勵檢舉與查緝非法工作之外國人、非法雇主與非法仲介業者與個人，設置檢舉專線與獎金，對非法雇主的罰金提高到新台幣75萬元。

近二、三年已執行的工作項目，計有：在2005年，為防制入境外勞於機場受不法集團或有心人士拐騙而發生行蹤不明情事，於桃園航空站設置外勞服務站，提供入境外勞指引及出境外勞申訴服務。對雇用外勞500人以上與百人以上企業查察、訪視，如未依「外國人生活管理計畫書」執行，依違反規定項目事實情節輕重，限期改善，追蹤複查及依法核處。完成「維護外勞權益」宣導計畫，透過電視傳播、廣播電台、報紙與看板等，進行宣導，以強化民眾對外勞權益維護之重視。另外以「尊重多元、關懷人權」為主題，編印《外籍勞工在台工作須知》及《合法聘雇才是好幫手》手冊5國語言版。在2006年，為推動加強外勞生活管理，修訂發布「審查雇主申請初次招募或重新招募第2類外國人生活管理計畫書裁量基準」，納入尊重外勞伙食之自主權、提高外勞居住空間、空間設計應考量性別意識，並尊重外勞個人隱私。

基於不平等的立場，對法規不嫻熟，也因於恐懼，外勞常無法投訴，或遭受無故遣返，為數不少。外勞行蹤不明，為犯罪的來源與防疫的漏洞，因而為政府強制管理的項目。此外，有統計資料者，還包括犯罪件數與健檢不合格情形。現分析如下：

(一)行蹤不明問題

造成外勞逃跑而行蹤不明者，原因複雜，其中較為重要者，莫過於因怕被遣返、沒有賺足夠的錢、而在家鄉負大筆債務。外勞引進後，難免會有適應不良、或因工作環境條件差、或因被虐待、或無法承受工作壓力、或即將屆滿等因素而逃跑。逃跑後行蹤無法掌握，反而成為犯罪潛藏所在與防疫上的漏洞，同時也為國內非法外勞的最大來源。非法外勞，對國內治安、防疫衛生與合法外勞權益等都產生影響，因而政府相關管理部門對該問題極為重視。

表9.8　外勞在台行蹤不明概況

單位：人，%

	總　計		印　尼		菲律賓		泰　國		越　南	
	人數	比率	人數	比率	人數	比率	人數	比率	人數	比率
1994	5,922	3.90	136	2.26	1,865	4.85	3,787	3.60	0	0
1998	4,677	1.82	493	2.80	2,450	2.27	1,728	1.32	0	0
2002	7,079	2.31	3,809	3.99	643	0.93	1,042	0.86	1,584	7.79
2006	10,918	3.26	4,232	6.06	1,023	1.09	1,239	1.30	4,422	5.82

資料來源：勞委會，《勞動統計年報》，2007年。

凡外勞連續曠職三日而失去聯繫者，雇主應於三日內通報。表9.8為外勞在台行蹤不明國籍別人數。印尼籍外勞曾有一度逃跑情況嚴重，政府於2002年8月暫時停止該國外勞引進，直到2004年12月才又開放引進；而越南籍外勞的逃跑事件遽增後，政府也於2005年1月暫停個人服務業別的外勞引進。從表內數字所示，菲律賓籍外勞在20世紀末時逃跑情形較嚴重，之後就大幅改善，在21世紀初，行蹤不明者占引進在台人數的比率約在1%左右；泰

國籍的情形與菲律賓籍類似；而較嚴重者為印尼籍與越南籍之外勞，2006年的比率分別為6.06%與5.82%。

外勞逃跑而行蹤不明，不能僅從管理面加強就可杜絕，需從整體制度面、執行面與管理面綜合著手。仲介制度與仲介費的合理性，外勞合理權益的保障與申訴管道的暢通，相對的勞動條件與雇主轉換等，任何一個環節的脫鉤與不合理，都無法使問題獲得具體改善。我們以同理心，將心比心，瞭解外勞的需求，保障其在台工作的合法與合理權益，解決其問題，除有犯罪意圖外，何來逃跑？

(二)在台犯罪問題

從表9.9所示，外勞在台犯罪件數不及200件，人數不及250人，雖然在件數與人數上都不是大量，但對台灣原本社會治安就如此惡化的情況下，仍是一項嚴重的問題。然而，引進外勞，在管理不周與不合理下，竊盜有時在所難免。而暴力犯罪是一項高危機的犯罪。

表9.9　外勞在台犯罪情況

單位：件，人

	總計		竊盜		暴力犯罪		其他犯罪	
	件數	人數	件數	人數	件數	人數	件數	人數
1994	73	107	32	44	21	35	20	28
1998	199	231	120	140	64	77	15	14
2002	146	180	95	112	34	44	17	24
2006	200	244	119	127	8	9	73	108

資料來源：勞委會，《勞動統計年報》，2007年。

(三)健康問題

　　外勞的健康問題，不單單是他本身要注意的問題，我們更需要給與關懷。外勞的引進，通常來自所得水準較低的國家，因而在衛生、疫病預防、甚至健康水準也相對較差下，基於保護國人免於疾病的傳染與外勞的工作體能等因素考量，健檢是有必要的。表9.10列出外勞健檢人數與不合格率的情形。從表中得知，不合格率有增加傾向。對於不合格外勞之處理，也是有關業者最關心的問題。為瞭解決這個問題，最妥善的辦法，即在合法引進之前，先進行體檢；符合規定的，才予引進。

表9.10　外勞健檢結果

單位：人，%

	健檢人數	不合格數	不合格率
1994	306,770	4,520	1.47
1998	534,250	8,053	1.51
2002	619,969	12,202	1.97
2006	448,459	19,419	4.33

資料來源：勞委會，《勞動統計年報》，2007年。

第十章
對未來台灣人口消長管測

第一節　人口與經濟盛衰之關係

　　自古以來，影響人口消長的原因很多，經濟盛衰當然是個重要因素，但非唯一因素；同樣，經濟盛衰的原因也很多，人口消長是個重要因素，亦非唯一因素。在這些複雜關係之中，我們不能用簡單的迴歸關係直接陳述人口消長取決於經濟盛衰，也不能直接陳述經濟盛衰取決於人口消長。

　　在20世紀，我們看到很多開發中國家，人口增殖率高，它們的國家經濟卻是積弱不振的，這就是古人所說的「生之者寡，食之者眾」的結果。世界上有很多已開發國家，人口密度不高，而經濟發展潛力雄厚，乃有人認為是「生之者眾，食之者寡」的結果。其實，根本問題並不在於人口多寡就是決定經濟好壞的因果關係，而是在於人口品質的高低，乃有所謂：人口既是國家的資產，也是國家的負債。當人民未受適當的教育，而無一技之長時，這些人民就是國家的負債。當人民受到適當的教育，而有一技之長時，這些人民就是國家的資產。國家的資產多，表示國家經濟

富裕；國家的負債多，表示國家經濟貧窮。

我們再進一步探究，人口與經濟的關係就這樣單純嗎？事實上，我們仍簡化了人口與經濟的複雜關係。我們必須更深一層觀察人口生存與發展所依賴的是什麼？那就是生產。在數千年的農業經濟時代，土地是生產的必要條件，沒有土地，就不會有生產。人民能否擁有土地便成為貧富決定條件，所謂「富者田連阡陌，貧者無立錐之地」。為了致富，必先擁有更多的土地，所以地主是富有階級；如果沒有土地，幸運的話，會成為佃農，為地主耕作，分得一部分收益；如無土地，亦無作佃農的機會，只有流落街頭，成為「餓死骨」的下場。當地主擁有的土地愈來愈多，而無土地的人愈來愈多時，鋌而走險的人便會聚在一起，到處打劫，到處放火，便產生了歷史上的李自成、張獻忠之流的造反作亂，而血流成河，屍骨遍野的悲劇就會不斷上演。在這種情況下，民不聊生，經濟蕭條是必然現象，而人口也會因此大量減少。

當農業經濟發生了這種現象，如果政府沒有採取一種合理的土地制度，農民揭竿而起是難以避免的現象。在以農業為經濟主流的時代，如果是採取鎖國政策，對外不交流，甚至對內各地區之來往也有限制，就會產生「穀賤傷農」、「穀貴也傷農」的現象，因為農業收成受天候的影響很大，如果一年內，風調雨順，五穀豐收，就會產生糧倉盈滿，糧食不值錢，甚至棄於田野的現象；如果乾旱無雨成災，五穀歉收，會產生饑荒現象。如果是個開放社會，對內交通流暢，無關卡限制，對外海上貿易暢旺，當在豐收時可輸出剩餘產品，換取人民所需要而不能生產的東西；當歉收時，可進口所需要的物品。如此，不致使人民生活受累。在一國之內，也不會有河南豐收，河北無糧的現象。但是，對外

開放,對內流通,一直是許多朝代未能解決的問題。

　　到了21世紀,天候的變化仍然是個難以控制的因素。如果一國之農產品因乾旱而歉收,不僅會影響其國內價格,也會影響國際價格,如澳大利亞乾旱無雨,就是影響畜牧業的發展,進而影響牛奶、羊毛業的價格;美國小麥的歉收,也會立即引起亞洲國家麵粉的漲價。於今,確實到了牽一髮而動全球的境界。

　　自古以來,土地是生產過程中最重要的因素,而地大才能有物博的可能。可是自網路發展以來,憑著一部電腦即可成交億萬元的生意,既不需工廠,也不需倉庫,就會完成交易行為。尤其金融經濟發展以來,層出不窮的金融衍生性商品,並無可觸摸的實體存在,就會產生萬億元的交易量,會使三、四人的小公司變成巨無霸,也會使一個巨無霸的大公司在數日之內消失不見。當科技將人類的生產、交易行為發展到這種境界,人口與土地的關係,人口與經濟的關係就更加複雜了。

第二節　經濟消長的主要動力為人力

　　無論在農業經濟時代、工業經濟時代、或e-化工商業經濟時代,經濟消長的主要動力為人力,包括體力和腦力。在農業經濟時代,技術不發達,生產主要靠體力和獸力;體力是決定農業生產力高低的主要因素,體力愈強,生產力就會愈高,反之,生產力就會愈低。生產力過低的社會,就會容易產生貧窮。但人力畢竟有限,利用獸力,可彌補人力之不足,如牛力、馬力、騾力、驢力、駱駝力、象力等,藉用這些獸力使人力不足的家庭仍能保持高度的生產力,而人民也以擁有這些獸力的多寡成為衡量財富

的尺度。因為連阡陌的農田單憑人力是不夠的,於是獸力在拉車、犁田等方面便取代了人力。愈富有的人所支配的獸力會愈多,而窮的人因無力量養活一頭牛或一匹馬,便不能增加生產力,也就難以擺脫貧苦的宿命。

單憑人力生產,其生產力是有限的;如果藉助獸力的協助,就會增加生產力,提高生產水準,而且也會使人有剩餘的時間去從事文化活動,豐富人群的精神生活。像這種生產方式,在中國社會,維持了兩千多年,沒有改變。

由於人類經驗的累積,以及教育水準的提高,人類開始開發腦力,以補體力與獸力之不足。從生產的角度,腦力的開發會改變生產方式,也會創造生產工具。人們發明車輛取代肩挑,而一輛車的載重會超過20人的肩挑,人們用獸拉犁耕田,勝過10人的拉犁耕田。生產方法的改進,提高了生產力。由於人類仍不斷地利用腦力發明很多替代人工的操作,如織布機,在1950年以前,用木梭傳遞的方式,既費時又費力,更會使縱橫的線難以均勻而緊密,到了1980年代,引進了新的織布機,完全使用電腦控制,既快速,而品質又均勻。在速度上,一位工人從使用一台機擴展到使用六、七十台機。這就是運用腦力從事生產的成果。

自1990年以來,電子資訊業的生產使用人力既少,產值又大,所使用的土地面積也有限。尤其跨國的供應鏈之建立,利用一部電腦可將分布在世界各地所製造的零件,組成一種產品出售;也就是說,製造設在海外,組合廠則在國內,無論使用土地與人力均比傳統產業為少,但其所創造的產值卻相當的龐大。這些生產方式對國內人力的需求,也起了很大的變化,那就是主要設計人員留在國內,從事生產的員工分散在國外,便創造了龐大

的附加價值。生產方式的改變，也改變了人與土地以及經濟的傳統關係。

第三節　台灣人口的長期推測

本來，人口的變動是比較穩定的，以5年或10年的人口預測，其準確度相當的高；如果超過10年，它的準確度就差了。對於人口預測，最簡單的方式就是採用趨勢預測法，例如POP=f(T)，或POP=f(T, T^2)，式中POP代表人口數，T代表時間。但是我們發現台灣的人口，因少子化現象愈來愈嚴重，採用趨勢法，在5年之內會有效，若超過5年，就會產生較大的誤差。為此，我們不能不用影響出生率與死亡率的各種因素一起來考慮。

$$POP_{t+1} = POP_t \times (1 + NR_{t+1}) + (POP_{en} - POP_{out}) \quad (1)$$

式中 POP_t：當期人口數，NR_t：年人口自然增加率

POP_{en}：移入人口，POP_{out}：移出人口

人口自然增加率＝出生率－死亡率

$$NR = BR - DR \quad (2)$$

式中BR：出生率，DR：死亡率

亦即

$$NR_{t+1} = NR_t \times [1 + (BR_{t+1} - DR_{t+1})] \quad (3)$$

預測出生率和死亡率均可採用趨勢法，這種方法比較簡單，但無法預測其轉折點，而轉折點是決定預測誤最重要的因素。

　　對於台灣人口的長期預測，我們所提出兩種方法來比較，以見哪種方法的可能性最大。

一、平均數比較法

　　首先我們觀察近20年（1987-2006）來台灣人口出生率，從1987-1991年，出生率稍見下降，並未形成趨勢；從1992-1996年平均出生率為1.478%，稍呈下降趨勢；與前五年平均出生率為1.624%相較，下降0.082%。再觀察1997-2001年，出生率下降趨勢較為明顯，其平均出生率為1.318%。至於最近五年（2002-2006），其下降趨勢更為明顯，其平均出生率為0.974%，較前五年下降0.344%。以相隔五年而論，已由1.624%降為1.478%，再降為1.318%，更降為0.974%。20年期間，平均下降0.65%。如果此趨勢不變，20年後，即2025年會降為0.334%。

　　讓我們再觀察人口死亡率，以五年而言，已由1987-1991年的平均死亡率0.51%增為2006年的0.592%。表示過去20年期間死亡率是稍為升高的。雖然嬰兒死亡率大幅降低，但老年死亡率却不斷升高，尤其每年因車禍喪生、十大疾病死亡的人數有增無減，使死亡率由1987-1991年的0.51%增為（2002-2006）年的0.592%，由此觀之，未來仍會微幅增加。

　　出生率與死亡率相減的結果便是自然增加率。自然增加率由最前五年（1987-1991）年的平均增加率1.112%降為最後五年（2002-2006年的）0.382%。如果此下降趨勢不變，到2011年便會降為0.0%。

　　僅由這三種指標的趨勢而言，除死亡率稍增外，其餘都是逐年下降的，而且很明顯地，均已形成一種趨勢，至少在10年之內

是難以改變的（見表10.1）。

表10.1　台灣人口自然增加率

單位：%

	出生率 BR	五年平均	死亡率 DR	五年平均	自然增加率 NR	五年平均
1987	1.60		0.49		1.11	
1988	1.72		0.51		1.21	
1989	1.57	1.624	0.51	0.51	1.06	1.112
1990	1.66		0.52		1.13	
1991	1.57		0.52		1.05	
1992	1.55		0.53		1.02	
1993	1.56		0.53		1.03	
1994	1.53	1.478	0.54	0.546	0.99	0.996
1995	1.55		0.56		0.99	
1996	1.52		0.57		0.95	
1997	1.51		0.56		0.95	
1998	1.24		0.56		0.68	
1999	1.29	1.318	0.57	0.566	0.72	0.750
2000	1.38		0.57		0.81	
2001	1.17		0.57		0.59	
2002	1.10		0.57		0.53	
2003	1.00		0.58		0.43	
2004	0.96	0.974	0.60	0.592	0.36	0.382
2005	0.91		0.61		0.29	
2006	0.90		0.60		0.30	

資料來源：Council for Economic Planning and Development, *Taiwan Statistical Data Book*, 2007.

　　由以上簡單的統計表，可粗略的判斷：基於男女職場的競爭，育兒費用的升高，結婚生子意願低落等現象，所以出生率在短期內是難以回頭的。同時高齡化現象在短期內也是無法避免

的。尤其在老人得不到適當的照顧，就會感到生不如死，這種現象也是短期內難以解決的問題，促使出生率將會微幅上升，而出生率下降幅度大於死亡率之上升。這兩個問題的結果便形成人口自然增加率的下降。

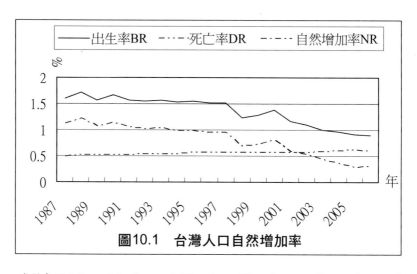

圖10.1 台灣人口自然增加率

資料來源：Council for Economic Planning and Development, *Taiwan Statistical Data Book*, 2007.

一、趨勢透射法

採取趨勢透射法，僅僅預測人口自然增加率，即可見未來10年或20年期間台灣人口的變動情況，即

未來台灣人口數＝當期人口數×(1+自然增加率)

$$POP_{t+1} = POP_t \times (1 + NR_{t+1})$$

$$POP_{t+2} = POP_{t+1} \times (1+NR_{t+2})$$

$$POP_{t+n} = POP_{t+n-1} \times (1+NR_{t+n})$$

出生率預測　　BR＝f(T)

　　　　或　　　＝f(T, T²)

死亡率預測　　DR＝f(T)

　　　　或　　　＝f(T, T²)

自然增加率預測 NR＝f(T)

　　　　或　　　＝f(T, T²)

1. 模型1(一般最小平方法)

利用期間：38年(1970-2007)

（1）$BR = 31.4159 - 0.48653T$

（55.7541）（26.3252）

$\overline{R}^2 : 0.9492$

$S : 1.2493$

$D.W : 1.1174$

（2）$DR = 4.10869 + 0.03840T$

（55.9196）（15.9904）

$\overline{R}^2 : 0.8727$

$S : 0.1626$

$D.W : 0.8597$

（3）$NR = 27.3558 - 0.52489T$

　　　（48.6649）（28.5143）

$\overline{R}^2 : 0.9564$

$S : 1.2444$

$D.W : 1.1036$

2. 模型2（一般最小平方法）

（1）$BR = 31.1014 - 0.45651T - 0.00053T^2$

　　　（21.5879）（4.13054）（0.27561）

$\overline{R}^2 : 0.9479$

$S : 1.2657$

$D.W : 1.1193$

（2）$DR = 4.68930 + 0.00942T + 0.00084T^2$

　　　（30.3810）（0.79575）（4.09820）

$\overline{R}^2 : 0.9115$

$S : 0.1356$

$D.W : 1.2485$

（3）$NR = 26.4102 - 0.44701T - 0.00137T^2$

　　　（18.5214）（4.08638）（0.72246）

$\overline{R}^2 : 0.9558$

$S : 1.2527$

$D.W : 1.1185$

單就出生率（BR）而言，2(1)型優於1(1)型，因為2(1)型的

判定係數較1(1)型爲高；不過誤差1(1)型稍小於2(1)型。

　　根據1(1)型推測，到2023年，台灣的出生率降爲0.81‰，死亡率變爲6.53‰，致其自然增加率變爲-5.71‰。亦即2023年台灣總人口降爲2,215萬人。

表10.2　台灣人口推測（模型1）

	人口百萬	出生每千人	死亡每千人	自然增加每千人
2006	22.73	9.09	5.88	3.21
2007	22.79	8.60	5.91	2.69
2008	22.84	8.11	5.95	2.16
2009	22.88	7.63	5.99	1.64
2010	22.91	7.14	6.03	1.11
2011	22.92	6.65	6.07	0.59
2012	22.92	6.17	6.11	0.06
2013	22.91	5.68	6.14	-0.46
2014	22.89	5.19	6.18	-0.99
2015	22.85	4.71	6.22	-1.51
2016	22.81	4.22	6.26	-2.04
2017	22.75	3.73	6.30	-2.56
2018	22.68	3.25	6.34	-3.09
2019	22.59	2.76	6.37	-3.61
2020	22.50	2.27	6.41	-4.14
2021	22.40	1.79	6.45	-4.66
2022	22.28	1.30	6.49	-5.19
2023	22.15	0.81	6.53	-5.71

資料來源：由何金巡先生提供。

　　根據2(1)型推測，2023年出生率降爲-0.25‰，而死亡率變爲7.43‰，致其自然增加率變爲-7.17‰，亦即2023年台灣總人口降爲2,183萬人。利用模式2(1)型推測較1(1)型推測，台灣總人口下降稍慢些。

　　從台灣人口自然增加率來觀察，到2012年，自然增加率即變為-0.46‰，主要由於死亡率高於出生率所致。死亡率高於出生率始自2013年。

表10.3　台灣人口推測（模型2）

	人口百萬	出生每千人	死亡每千人	自然增加每千人
2006	22.72	8.99	6.03	2.96
2007	22.77	8.48	6.10	2.38
2008	22.81	7.98	6.17	1.81
2009	22.84	7.47	6.24	1.23
2010	22.86	6.96	6.32	0.64
2011	22.86	6.45	6.39	0.06
2012	22.85	5.94	6.47	-0.53
2013	22.82	5.43	6.55	-1.12
2014	22.78	4.91	6.63	-1.71
2015	22.73	4.40	6.71	-2.31
2016	22.66	3.89	6.79	-2.91
2017	22.58	3.37	6.88	-3.51
2018	22.49	2.85	6.97	-4.11
2019	22.38	2.33	7.05	-4.72
2020	22.27	1.81	7.14	-5.33
2021	22.13	1.29	7.24	-5.94
2022	21.99	0.77	7.33	-6.56
2023	21.83	0.25	7.43	-7.17

資料來源：由何金巡先生提供。

　　如將1(1)型與2(1)型作比較，1(1)型式所推測的台灣總人口較2(1)型所推測的，其下降趨勢較緩，因為模型2在推測死亡率時，比較偏高，自2019年起，模型2對死亡率之推測一致超過7.05‰，到2023年，高達7.73‰；模型1對死亡率之推測，從未超過6.61‰。如對照1987-2006年死亡率之趨勢，模型1之推測較合

理，因為我們發現從1995年至2002年，死亡率一直維持在5.6‰和5.7‰之間；而模型2對死亡率之推測，從2006年至2023年一直是直線上升的。

表10.4　台灣人口推測（中推計）

	政府推計	本研究推測			
	總人口（百萬人）	人口（百萬人）	出生（每千人）	死亡（每千人）	自然增加（每千人）
2006	22.77	22.72	8.99	6.03	2.96
2007	22.84	22.77	8.48	6.10	2.38
2008	22.90	22.81	7.98	6.17	1.81
2009	22.96	22.84	7.47	6.24	1.23
2010	23.01	22.86	6.96	6.32	0.64
2011	23.06	22.86	6.45	6.39	0.06
2012	23.10	22.85	5.94	6.47	-0.53
2013	23.14	22.82	5.43	6.55	-1.12
2014	23.17	22.78	4.91	6.63	-1.71
2015	23.19	22.73	4.40	6.71	-2.31
2016	23.21	22.66	3.89	6.79	-2.91
2017	23.22	22.58	3.37	6.88	-3.51
2018	23.23	22.49	2.85	6.97	-4.11
2019	23.23	22.38	2.33	7.05	-4.72
2020	23.22	22.27	1.81	7.14	-5.33
2021	23.21	22.13	1.29	7.24	-5.94
2022	23.19	21.99	0.77	7.33	-6.56
2023	23.16	21.83	0.25	7.43	-7.17

資料來源：由何金巡先生提供之行政院經建會之預測。

三、行政院經建會的推測

2007年，行政院經建會曾對台灣作為期45年的推測，分三種

推計：即高推計、中推計和低推計。茲就中推計而言，2006年，台灣總人口為2,277萬人，到2018年和2019年達到最高峰，為2,323萬人，之後，便趨下降，到2023年降為2,316萬人。與本研究模型2比較，2006年台灣總人口為2,272萬人，到2010年和2011年便達至最高峰為2,286萬人，之後，便趨下降，到2023年便降為2,183萬人。比較之下，顯示經建會的推測較本研究模型2偏高。

不過，這三種不同模式之預測，在超過2023年之後，都先後發生負出生率的現象；事實上，這是不可能的。所以這些預測模式都受限制。

第四節　人口長期推測的陷阱

對人口的短期預測，尚能掌握其趨勢方向，對人口的長期預測，就很難掌握其趨勢方向，也就是轉折點發生的時間；造成轉折點發生的原因很多，主要的為下列五種原因：

一、少子化能持續多久

少子化是改變人口趨勢最重要的力量，因為它是主要的人口來源。如果有偶夫妻願意生兒育女，少子化現象就會慢慢消失。其實，鼓勵有偶夫妻願意生兒育女，是件相當困難的事。首先為職業婦女的職業保障問題。在公營事業為主流的時代，這個問題較易解決；在民營事業為主流的時代，企業老闆會考慮到成本與效率問題；而成本高低與效率大小是競爭的重要因素。企業競爭失敗，必會馬上退出市場，造成一大批失業人口。再就是結婚男女對婚姻與家庭的觀念是否很傳統，還是很時髦？如果很時髦，

家庭不過是客棧，婚姻不過是一次交易行為，合則在一起，不合則分離。自20世紀末葉以來，這種時髦婚姻已經很流行，尤其自網路盛行之後，一杯水主義成為年輕人的時尚。在這種風氣之下，多將生育視同性滿足後的剩餘，卻不將其視作男女結合後不可旁貸的責任。

如何解決以上所提出的問題，雖不是無解的問題，但是個短期內難以扭轉的風氣問題。

二、高齡化現象何時了

台灣人口結構已由金字塔形演變為葫蘆狀，所謂金字塔形即塔底層為幼少年人口數最多，中間為自15-64歲年齡組人口數次之，最上層為65歲以上人口數最少。到演變為葫蘆狀時，即15-64歲人口數為最多，0-14歲與65歲以上人口數比較少。到了倒金字塔形時，是指0-14歲人口數最少，15-64歲人口數較多，而65歲以上人口數為最多。到目前為止，65歲以上人口數愈來愈多，到2007年，已達總人口的10%。

根據行政院經建會提供的資料，台灣與日本人口高齡化現象居全球前二名。65歲以上老人總人口所占比率由7%增至15%，日本要費26年，台灣也要費26年，德國則要44年，而美國更要66年。老年人口占總人口的比率由10%到20%，日本花了21年，台灣推計為20年，法國需76年，英國需74年，而美國為63年。

高齡化現象問題之嚴重，除需要大量醫藥費外，在其行動不便時，所需之照顧費用更為龐大。在農業時代，由大家庭輪流看護；在工商業時代，以核心家庭為主。由於職業上的關係，「養兒防老」已不可能，除非在有生之年曾為養老金作出些貢獻。否

則，需要政府來照顧；如果政府並無是項預算，老人照顧就是個難解的問題。所以近年來，日本老人自殺率相當高，而日本人的高齡化現象就是台灣的一面鏡子。

當少子化現象愈來愈嚴重，而高齡化現象也愈來愈明顯，兩者會使勞動力人口大量減少。除非替代人力的科技發展很快，否則，勞力不足又會成為一個經濟問題。當勞力嚴重不足時，外籍勞工又會成為不可或缺的人力來源。

三、離婚率攀高問題

自1990年以來，台灣人口五大問題即逐漸呈現：即少子化問題、人口高齡化問題、離婚率升高問題、新移民問題以及大自然災害。我們已討論過前兩個問題，離婚率高低不僅影響生育兒女多少問題，也影響子女的教育問題。台灣年輕人結婚愈來愈晚，結婚人數也逐漸減少，可是離婚人數卻愈來愈多。例如2007年1-9月，結婚對數為98,625對；同期間，離婚對數為43,911對，亦即離婚對數占結婚對數的45%，相當可觀。在結婚對數中，與非台籍者結婚占19%，其餘81%與本國籍結婚。離婚對數中，與非本國籍者離婚占19.1%，其餘80.9%為與本國籍者。

離婚後對子女的影響為最大，無論是單親家庭，或失親家庭，其子女教育均較雙親家庭為差，使其中有不少可能成為社會問題的製造者。通常一個健康的家庭環境會培植出較健康的孩童；而一個離異或失散的家庭，其子女常得不到良好的教育，對其青少年的發展有不利的影響。社會上犯罪的年輕人大多來自不健康的家庭。

四、新移民的影響

就台灣的情況而言，有不少人到退休後，因依親生活而移民美、加、澳洲等國，也有人因台灣教育環境不理想，社會居住不安全而移民海外者，尤其自1990年代以來，不少中小企業為了求生存、圖發展，舉家遷移海外，例如在中國大陸，至少有一百萬人口作長期居留，而兒女受教育也在大陸；畢業後，也會就地覓職，作長期打算，自然也有不少婦女，包括中國大陸、越南、印尼等國，喜歡下嫁台灣郎成為台灣的新娘，自1990年以來，迄2006年逾24萬人，而所生的子女也在20萬人左右。這些外籍新娘所嫁給的台灣人家，富裕者少，而貧窮者多，因此家庭糾紛也經常發生。外籍新娘對適應台灣環境因有困難，而所生之子女教育問題也相當複雜。目前，在台灣，每三對新婚夫妻就有一對是外籍配偶家庭；每七個小孩，就有一個是新移民女性生育的子女。

根據教育部統計指出，2006學年度外籍配偶子女就讀國中、國小人數已突破8萬人，較上年大幅增加33%。

表10.5　國小與國中外偶子女數

單位：人

學年	國 小		國 中	
	全國學生數	外偶子女數	全國學生數	外偶子女數
2004	1,883,628	40,907	965,922	5,504
2005	1,831,913	53,334	951,236	6,924
2006	1,800,281	70,797	952,642	9,369

資料來源：《教育部統計年報》，民國96年。

表10.6　2006年度國中、國小外偶子女外籍家庭來源地

單位：人

國　　別	國　　小	國　　中
中國大陸	25,523	3,253
印　　尼	16,197	1,910
越　　南	15,819	765
菲律賓	3,902	681
泰　　國	2,576	598

資料來源：《中國時報》，2007年1月14日。

五、大自然災害

　　儘管我們無法測知地球暖化現象的影響範圍、程度及時間，但是當各國，尤其工業大國對遵守京都議定書的要求不合作，仍我行我素製造大量CO_2，大自然反撲就會提前到來，因為人類對大自然現象的瞭解還是有限的，而且不少國家的官員、企業家總認為事不關己。人類這種「不見棺材不落淚」的性格是難以改變的。對小規模的自然災難，人們可以逃避；但對大規模的自然災難，那就很難逃避了，2004年印尼、泰國、新西蘭發生的海嘯，使二、三十萬人瞬間為海浪吞噬，就是個料想不到的大災難。如果大自然災難發生，受災地區的人口就會大量減少，而災難後的流行病也會使無數人口失掉性命，普天之下，仍有些事情是難以預卜的。

　　以上這些原因，有的是遠因，有的是近因，其發生的時間及影響程度都是難以完全確定的。不過，人口消長會影響民間消費，英國經濟學者凱因斯（Keynes）認為人口成長過慢的國家，其經濟難以繁榮。20世紀初，英國人口增長過於緩慢，影響消費動

能不足，導致失業率上升，新加坡李光耀認為「影響21世紀全球的安全與成長，最關鍵的因素為人口結構，而不是民主政治」。當一個國家的出生率長期下降，使得人口漸趨高齡化，進而影響住宅需求無法擴張，使得不動產需求也為之減緩。彼得‧杜拉克與派克‧布坎南也表示：已開發國家人口出生率的崩潰，將造成西方國家緩慢步入死亡而不自知。優生學者和女權運動者對政府人口政策提出的「以質代量」說法是不符合時代潮流的。所謂「最適人口」的主張，乃是個理想，也是個數字遊戲，要想實現這個理想，根本不可能。近年來，台灣的社會現象：「新四不」，即不婚、不生、不立、不畏離婚；還有「一不」，即不教養。在台灣，不畏離婚的人數大幅增加，也改變了家庭結構，2005年離婚人口已逾100萬人。所謂「隔代教養」，2003年在台灣祖孫家庭就有8.1萬多戶，較1988年成長一倍。2004年有單親家庭54.8萬人，比16年前增加一倍。這些現象都構成了台灣嚴重的社會問題。我們不能視而不見，且認為與己無關。

　　這種論調反映了社會現象一角，但可怕的是會不會有「一葉知秋」之效？

第十一章
化解人口問題政策平議

第一節　化解人口問題的政策今昔觀

　　一般而言，一國人口多寡取決於該國幅員的廣狹或資源的豐歉。一國幅員廣，人口多不是一個社會經濟問題；如果一國幅員小，而人口多，往往會成為難以解決的社會經濟問題；如果一國之資源豐富而人口多，也不會成為社會經濟問題；如果一國之資源薄而人口多，則是個社會經濟問題。相對地，當一國之人口多，而國家幅員小，或一國之人口多，而資源又瘠薄，在這兩種情況，人口問題就會成為社會經濟問題。

　　單就台灣情況而言，土地面積為三萬六千平方公里，僅四分之一的土地可從事農業生產及居住。在1950年，台灣人口為800萬人，當時有不少人認為人口密度每平方公里為222人，是個社會經濟問題，需要節制生育；到了2006年，台灣人口增為2,279萬人，土地面積未變，人口密度增為633人，仍是個社會經濟問題。現在的問題，不但不需要節制生育，反而要鼓勵生育。驟然觀之，前後是矛盾的，但事實並不矛盾，因為人口之多寡需視一

國資源而定。像新加坡與香港,它們的人口密度更高,卻沒有人口過剩問題。因此可以說,人口問題之產生不在於國家幅員之大小,乃在於資源之豐歉。

一國之富裕及貧窮與其經濟型態有密切關係。在以農業經濟為主流的國家,所能創造的財富主要來自農業收穫。豐收時,人民生活會寬裕些;歉收時,人民生活會困苦。而且,在農業經濟時代,人民除靠耕地面積大小外,更要靠天吃飯。天候惡劣,農作物收成不足,人民會挨餓;風調雨順時,農作物收成豐盈,人民會溫飽。通常一個國家的土地面積是固定的,在農業生產技術不進步的情況下,財富的累積幾乎全靠耕地的增大。但是人口卻是變動的,在豐收年代,生育率會提高;在歉收年代,生育率會降低。所以,土地面積與氣候決定了生育率的高低。昇平或戰亂也是決定生育率高低的重要因素,自古以來,戰亂頻仍的年代,死亡率增高,生育率下降,人口數量會減少;在昇平之世,死亡率會降低,生育率會提高,人口數量也會增加。如果人口增加太快,也會成為社會經濟問題。在20世紀以前的農業經濟時代,人口增減不是政府所最關心的事,政府也提不出人口政策來調節人口的多寡,只是順其自然而已。

農業經濟時代人口的增加是有其長遠的社會背景。比較而言,農業社會是比較靜態的,不像工商業社會因競爭而形成不斷的變動。由於農業社會人口缺少流動,定居的生活是比較安適的。另外農村兒童受教育機會較少,消耗體力的方式就是田野勞動。人本是情慾的動物,由於缺少消耗精力的運動,所以生育兒女就比較多。復由於醫療不夠發達,兒童死亡率也比較高。農婦長期居家操勞,生活安定,一生生育七、八個孩子的母親是很普遍的

現象，即使死亡逾半，也會剩下三、四個孩子，很快就變成幅員小人口多。這就是1950年代，何以節制生育的呼籲高入雲霄原因。

到了工商業為主流時代，其人口問題與農業時代的人口問題完全不同。工商業的發展不在於土地面積的多少，乃在於對土地的有效利用；國際間貿易的擴展，可收「以有易無」之效，一個國家的生產可以發揮「比較優勢」原則，增加收益，提高勞動者的報酬，不致產生勞動邊際生產力為負的局面，這與農業經濟時代完全不同。同時境內各地的貨物交流，可以避免甲地豐收有餘糧，而乙地歉收有餓莩的現象。這也就是說，在工商業經濟時代，人口問題的性質與在農業經濟時代完全不同。在前者，人口「質」的問題較重要；在後者，人口「量」的問題較重要。面對不同性質的人口問題，解決人口問題的政策取向也就不同了。

更重要的，由於工商業社會是比較動態的，市場情況瞬息萬變，不像在農業經濟時代，農業生產通常遵守一定的規律。雖然近年來，受到地球暖化現象的影響，農業收成往往失去它的季節性，但與工商業經濟的瞬息變化還是不能比擬。像2000年第二季，電子與資訊業仍如日中天，活絡得很，但到了該年第三季，就如坐雲霄飛車一樣，由最高點跌落到最低點，這種現象在農業社會是見不到的。農業的歉收也是局部的，對全世界的影響範圍有限，可是工商經濟發生泡沫崩潰現象時，它的影響會超出發生災難的國家，也會超出一個區域，甚至波及全世界。再如2007年在美國發生的次級房貸危機(Supreme Mortgage Crisis)，不但影響美國的房地產業及金融業，也波及全世界的金融市場；而且迄今，它的餘波未息，尚在各地震盪之中。

正由於經濟的高度動態化，工作的流動性也就很高，一般企

業的員工逐漸失去長期雇用制，也就影響了對生活的安定感，這對青年人之遲於結婚有直接的關係，從而也影響對生兒育女的觀念。

第二節　傳統的人口鼓勵措施難以奏效

在農業爲經濟主流時代，每個家庭多保有「多子多福」的傳統觀念，在那個時代，大家庭制度會使有工作能力的人不必費太多的時間照顧所生的兒女。可是在工商業爲經濟主流時代，一般家庭多爲核心家庭，三代同堂的家庭愈來愈少，而媳婦侍奉公婆的風氣也日趨式微。相對地城市的家庭所居住的房屋較小，難以容納三代同堂的人口，況婆媳住在一起也有些相互適應上的困難。上述種種因素使得鼓勵有偶年輕人多生子女的效果是很有限的。

在工商業爲經濟主流的時代，競爭是企業存在與發展的試金石。爲了提高企業的競爭力，每個員工必須拼力提高業績，使企業能夠繼續存在。而且爲了贏得競爭，晝夜不分地，使生產力不斷提高。爲了提高生產力，需要不斷地改進生產技術，或創新生產方法，以增強其競爭力。作爲一個企業的員工必須刻苦耐勞，使企業能夠壯大，更使自己不被淘汰。處在這種緊張的生活情況下，會降低一般年輕人對結婚的興趣，而且對生兒育女的慾望也就大打折扣。這也是近20年來台灣出現少子化的原因所在。

工商業經濟的劇烈變動直接影響各業的就業市場，會使失業率提高，而且人人自危，不知何時會發生在自己頭上。這種不安的職場生活會影響婚姻，更會影響生育子女。況且生育子女所花費的學費、補習費之多，均是二、三十年以前見不到的。一個兒童，自進入幼稚園起，便參與競爭，作父母的，爲怕子女失去競

爭的基本條件，便挖空心思去賺錢。在農業經濟時代，三級貧戶的子女可以考進大學，甚至留學英美；在工商業經濟時代，一般貧戶的子女，因不具備競爭條件，就很難在各行業出頭。儘管夫妻均在職場賺錢，但教養子女所需費用之大，使很多夫妻不敢生育，而許多未結婚的青年，面對這種現實，不敢結婚；即使結了婚也不敢生兒育女。

處在劇烈的競爭時代，為使少子化現象逆轉，所採取的對策不是節制生育而是鼓勵生育。但是鼓勵生育比節制生育更加困難。對節制生育可以用強制的手段，如在大陸所推行的「一胎化政策」，在一般城市一胎化政策的效果很好，可是在農村，它的效果就被打了折扣。現在如果採取強制政策，要年輕人結婚生子，就難產生如期效果了。例如一位青年不願結婚，用重稅或重罰，迫使其結婚，他會有很多理由不生育，政府對此也無辦法可施。何況有很多職業，特別對女性而言，結婚與就業猶如魚與熊掌，不可兼得；即使勉強結了婚，因離婚率愈來愈高，對女性而言，離婚對女性較為不利。近年來，有很多有少子化現象的國家，其政府採用獎勵的方式，能否奏效？只有拭目以待了。

自1988年政府開放大陸探親以來，在台灣的老兵(多在六、七十歲)，因無力成親，光棍者多，當開放大陸探親以來，有不少光棍老兵娶大陸農村新娘。1990年代後期，不少中小企業到越南、印尼、菲律賓、泰國等國投資，也開始引起娶當地女人為妻之風，當她們來台灣之後，才發現她們所嫁的人並不富有，但需要生兒育女，傳宗接代，一時之間，外籍新娘的生育率大幅提高，對抵銷台灣少子化風氣多少有些幫助。近年來，外籍新娘雖然仍在增加，但並不完全為了成家立業，其中有不少是藉結婚之名，

行來台賣淫之實。同時，娶外籍新娘之家庭多半經濟情況較差，而知識水準、專業能力也差。在最初十多年外籍新娘確實對提高台灣人口生育率有些貢獻，但最近幾年，娶外籍新娘的人數沒有顯著的增加，而對於多生兒育女也失去興趣，畢竟現實生活的壓力會使他們對生兒育女的多寡有所選擇。因此，藉外籍新娘提高生育率現象恐成曇花一現，難以持久。

第三節　生育意願低落的根本原因

生兒育女與商品生產，在性質上完全不相同。生產商品是市場行為，受供需律的規範，有波動，也有循環，但生兒育女卻不是市場行為。人畢竟不同於商品，人是有生命的；商品是無生命的。無論生育率的增加或減少均是一種長期趨勢。一旦形成上升趨勢或下降趨勢，便很難在短期內逆轉。

基於對人口生育的理解，我們不妨嘗試找出生育意願降低的四個根本原因。

一、傳統生育觀念失效

在過去兩、三千年的農業經濟時代，「養兒防老」是有偶夫妻生育的基本動機。因為在那個時代，沒有退休養老制度，一般人所依靠的就是自己的後代。有了後代，到老年時，生活就會有保障。為了加強對這種觀念的付諸實施，乃有「不孝有三，無後為大」的家訓，一個年輕人，甚至不到成年(18歲)。他的父母就為他成親，以便傳遞香火。如果婚後媳婦不生育，通常將不生育的責任歸咎於媳婦，而媳婦在家庭中的地位便會降低。同時父母

會要兒子再娶,以期有後代。在今天觀之,這完全是無知的判決,不生育的責任可能是在男方而不在女方。在過去由於醫學不發達,這種傳統觀念不知貽害多少有偶婦女。

到了工商業經濟時代,受過中等教育的年輕人多離開農村,到工業區或城市討生活。他們的工作所得,首先是養活自己及兒女,有餘力才奉養父母。如果所得低,養活一個小家庭就已捉襟見肘;如果他們經常失業,也無力奉養父母。尤其現代的媳婦多受過中等以上的教育,這與上一代會產生代溝。另外現在的媳婦也有份工作,每天為工作忙碌,也不可能侍奉公婆,致三代住在一起的困難很多。如果兒女在國外就業成家,他們為了照顧自己的家庭生活,也無法回國照顧父母;而作父母的,仍需自己照顧自己。有積蓄的人可進養老院生活;無積蓄的人就會過著風燭殘年的生活。

二、生兒育女與儲蓄投資成為魚與熊掌的選擇

一般在工商業社會的人與在農業社會的人對生兒育女有種不同的想法。有不少人將生兒育女當作是一種投資行為,任何投資都有風險,生兒育女也會有風險。有人將一生積蓄作為子女受教育的本錢,認為子女長大,有了事業,不僅會衣錦榮歸,而且父母的老年也有了依靠。但是,後來的發展往往是事與願違。如果子女不爭氣,連自己的小家庭生活也成問題,遑論去奉養父母;有的子女很爭氣,但事業不在國內,作父母的也沒有含飴弄孫之機會;到年老氣衰,仍過著孤苦伶仃的生活,也顯示生兒育女的投資行為失敗。

至於另種父母,不全部將儲蓄供子女受教育,創事業,而是

保留大部分作退休養老之用。採取此種投資方式的人愈來愈多，因為一個人到了六、七十歲退休下來，他們有能力結隊出國旅遊，享受「夕陽無限好」的時光，而世界的名勝古蹟都是他們瀏覽的對象。當他們累了，就聚在一起打打小牌，清晨作晨操，傍晚練習跳舞，住在養老院，其樂也融融。有些失偶的老人，也會找個志同道合的異性對象作朋友，消磨時光，使晚年也能享受到精神戀愛的樂趣。

三、e-化時代青年人的想法與做法

到了20世紀末，台灣也進入了工商社會的e-化時代。在這個時代，整個社會像叢林，每個人都要學習叢林法則的技巧與運用。優勝劣敗，適者生存被發揮到了極致。為了適應這個時代的生存法則，一般青年不敢結婚，更不敢生兒育女，而一般婦女，鑒於婚姻之不可靠，就乾脆同居不結婚，或結婚不生子女，以免離婚後，成為單親家庭。我們已瞭解到單親家庭生活多是不幸福的，母親為了賺錢生活，無法顧及到孩子的教育，而孩子像孤兒一樣，成為下層社會的浮萍，其中有不少成為問題少年的後備隊。

四、男女性解放所形成的風氣

自1990年代以來，男女性解放如洪水之決堤，難以阻擋。性愛光碟充斥，擴散之廣，可說無孔不入。至於電視網路、電影以及平面媒體，亦不示弱，對性愛展示愈來愈無掩飾，對女人而言，有妓女；對男人而言，有午夜牛郎。男女性解放來自西方，在1970年代，所謂濫交所感染的愛滋病已經流行，到1980年便傳染到了台灣。對於性解放，傳播力量最大而最快的為網路，有些網路只

知賺錢，不顧性解放對年輕人的不良影響，使年輕人沉緬於網路，尤其無知的中小學生，利用網路交友，仿效成年人的行為而濫交，以致學校的廁所、火車上的廁所、街頭垃圾桶成為他們棄嬰的地方。當他們在年少時有了性交的經驗，多對婚姻會失去興趣，況且婚姻會對男女形成一種約束力，而他們不願接受婚姻的約束力，寧願濫交而不必負生兒育女的責任。年來異性同居風氣之盛與傳播媒體之不負責任不無關聯。

第四節　人口生育問題是經濟問題的反射

　　從上節所列舉的少子化形成的根本原因，我們不難看出生育問題乃是經濟問題的反射。儘管我們提出很多理由，說明有偶夫妻不願意多生，甚至少生子女的理由，基本上，如果在青壯年，經濟上無捉襟見肘之家庭經濟，而到老年時，又有養老制度之照顧，一般青年會提高結婚生子的意願。

　　在前面我們曾指出在e-化的工商時代，各業競爭激烈，而人力競爭也成為職場主題。唯有不斷推陳出新的專業能力，在職場上才有選擇的自由；否則，就會淪為叢林法則下的犧牲者。就台灣情況而言，在2000年以前，各行業的員工大都採用年薪制，而規模大的企業多有健全的人事制度，按每人的工作績效作升遷的依據。尤其公營事業，它的人事制度更為健全，凡經考試錄取的員工，都會享受到公司的升遷制度及長期雇用制的保障。可是自委外（out-sourcing）制流行以來，長期雇用制便被完全破壞。在台灣，為眾人所羨慕的鐵飯碗（鐵路業）、銀飯碗（郵局業）及金飯碗行業（金融業）已漸漸流失。公營事業民營化，金控公司的成立，

以及派遣公司與人力銀行之應運而生，長期雇用制漸漸被瓦解，
所流行的是時薪制，時薪制與年薪制最大的不同，是雇用時間的
長短及工作報酬的高低。在年薪制，無論週末、國定假日、患病、
婚喪及生育均有一定時間的假期，而且照領薪資；在時薪制下，
所有員工都成為臨時工，按時計酬，工作不但受不到保障，而薪
資也被大幅減削，退休制度也不存在了。處在這種環境下，有些
職業婦女選擇不結婚；即使結了婚，也不敢生育兒女。

對一般人而言，在工作年齡時，工作無保障，也難有積蓄，
即使政府對育嬰有補助，也不能解決夫妻的就業問題；至於子女
受教育所需要的費用，即使有政府補助，恐怕也是杯水車薪，只
能應急，不能解決所面臨的經濟困境。

在e-化工商業時代，大家庭制度式微，核心家庭全靠夫妻的
工作報酬來支持家庭。如果夫妻兩人都有專業能力，而收入均有
保障，對於教養子女較能勝任；否則，對教育子女便是一大負擔。
現代的年輕人往往對這種負擔懷有恐懼感。在從前尚能仰賴父母
的協助。現在時代變了，如果父母也有養老無著問題，他們對已
婚子女也就愛莫能助。所以，這個問題便成為無解的難題。

第五節　政府對少子化問題解決之道

在1980年代，新加坡政府曾鼓勵大學畢業的女生多生子女，
而政府給予優惠；可是大學畢業的女生對政府的優惠不感興趣，
對於職業選擇的自由卻非常執著。結果，政府鼓勵多生育的政策
完全落空。最近南韓政府發覺南韓少子化趨勢日趨明顯。為了糾
正這種趨勢，南韓首爾市提出獎勵生育辦法。根據該辦法，如果

生第二胎，一次性獎勵的養育費爲20萬韓元（約7000新台幣），第三胎爲100萬韓元，第四胎和第五胎分別獎勵300萬韓元和500萬韓元，第十胎或十胎以上，則獎勵3,000萬韓元（約100萬新台幣）（《朝鮮日報》，2007年4月），此一辦法並規定，如果現在已有三個子女，如果再生一胎，可得到第四胎獎勵金（300萬韓元），但不包括領養的孩子。此種獎勵辦法是否奏效，三年之後，可見結果。

在台灣，政府也曾提出少子化問題解決之道。對於台灣少子化問題，政府在2000年以前，從未正視過；到2000年日本少子化問題嚴重起來，才引起學者對台灣少子化問題之探索。根據行政院3073次會議（97年1月2日），建構友善托兒環境—居家托育管理與托育費用補助專案報告：對生育現況的報告中，有關少子化趨勢，有下列之敘述：「我國婦女總生育率自1984年起降至替換水準2.1人以下，1986年到1997年之間，總生育率平均維持在1.75人左右，再度快速下降。在2003年僅爲1.23人，成爲『超低生育率』國家，2006年總生育率更降爲1.12人。」我們理解到，當總生育率降至2.1人以下時，即夫妻兩人僅生育兩位子女的替換水準；可是到了2006年總生育率已降爲1.12人，僅爲替換水準的二分之一。也就是到了少子化嚴重程度。

對解決少子化問題，政府提出的居家托育計畫，有關開辦受雇家庭部分托育費用補助方面，規定補助對象爲：年收入150萬元以下，父母雙方均就業，且依法納稅，將未滿2歲幼兒送請社區保母系統之保母照顧者，補助標準爲：(1)一般家庭：每名幼兒每月3,000元；(2)弱勢家庭：低收入戶或家有未滿2歲之發展遲緩或身障礙幼兒之家庭，每名幼兒每月5,000元。爲推行這個計畫，2008年，政府編列15億元經費。

照目前，一般中下層家庭年收入達到150萬元並不容易。除非夫妻兩人都任公職(主要為軍公教人員)，工作穩定，雖然十多年未加薪，尚不會有無米下鍋之困境.但一般其他行業，近年來因經濟低迷，收入不穩定，年收入能達到100萬元者已屬不易。政府的補助，每月無論是3,000元或5,000元，只是杯水車薪，解決不了實際問題。政府的15億元經費在政府總預算中所占份額十分小，不及公共工程所浪費的百分之一，只表示出政府有所關切。

其實解決少子化問題是個複雜而艱鉅的工作；而這個問題的核心是一般結婚青年的意願問題：影響青年人意願的因素，經濟問題是最重要的因素，其次是男女青年對組成家庭的意願與信心問題。男女青年組織家庭的意願受個人自由觀念的影響很大。不少青年認為個人解放最重要，而結婚後個人行為會受到約束。而個人行為的解放，會使對方失去對婚姻的信心，也就失去生兒育女的意願，因為考慮到離婚後，扶養子女是生活的一大負擔，而且女方通常處於不利的地位。

第六節　全球化對人口問題的影響

全球化最後的目的是破除地域上的界限，人力可自由流動。工資低的國家，其人民會向工資較高的國家流動，像菲律賓、印尼、泰國、越南的人民，部分流動到中東國家，從事旅館的服務業；部分流到台灣、香港從事女佣工作。有些國家的男人到台灣漁船上為船長捕魚，如大陸、菲律賓漁人；或到大城市從事艱鉅的基礎建設，如泰勞在台灣民間製造業公司工作，或參與高雄捷運工程工作。墨西哥人流動到南加州從事家務及庭園工作。也就

是說，他們所從事的工作主要為流汗的辛苦工作，雖然工作比較辛苦，他們卻賺到在本國賺不到的薪資。賺到了薪資不但滿足自己的生活需要，也使故鄉的家人有錢改善居住環境和飲食條件。

像香港、台灣、新加坡、韓國等地區或國家都是新興工業化經濟，它們的所得高於一般開發中國家，但低於已開發國家，於是有不少有專業能力的人流動到已開發國家，因為已開發國家的工資高、生活環境好。他們到已開發國家不是從事苦工的工作，而是從事白領階級的工作，因為賺錢較多，可改善家庭生活，如下列簡圖所示。

人力與資本的流動

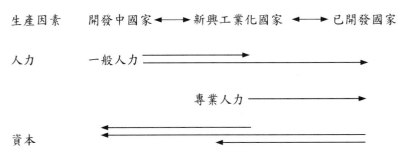

生產因素	開發中國家 ◄───► 新興工業化國家 ◄───► 已開發國家

長期人口流動的結果，會使地區性人口融合在一起，而且會成為一種趨勢；同時也會使各地區工資水準平均化。

至於資本流動，則呈反方向流動，即已開發國家的企業到新興工業化國家投資，近年來，它們也到開發中家投資，同時新興工業化國家也到開發中國家投資，其主要目的，是利用其廉價勞工。因為外人投資之故，開發中國家和新興工業化國家的人民便增加了就業機會，從而也改善了他們的生活。

　　近年來，已開發國家的企業改變了它們的發展策略，採用委外方式（out-sourcing），而不是用直接投資方式到開發中國家。例如美國的許多電子企業，將軟體作業，委託印度人去完成，而不是到印度投資設廠，也有些產業的生產適於委託中國大陸的企業完成。通常，它們設計一套供應鏈，產品的某部分適於在中國大陸生產，便委託合格的大陸企業（尤其有外人投資的企業）去完成，然後再運回美國銷售。台灣的電子業採用這種方式已有十多年的歷史。也就是說，在本國內接單生產，勞動力不需移出，然後利用區域間的供應鏈完成。

　　在20年前的台灣，私有企業的老闆在他年老時，總是將企業經營權交給自己的子女去做，現在，由於國際競爭激烈，企業的執行長（CEO）必須是專家，視野大、經驗豐富、對市場有洞察力，因此父傳子的企業傳承漸漸在瓦解，改聘精明的國際性專家去擔任。這種風氣已傳到日本、韓國和台灣的企業。

　　一般開發中國家的勞工到新興工業化國家工作，多屬契約性，有一定的工作時間；時間到，便需離開這個國家，回到本國去，這種性質的工作對生育有不利的影響，因為所生的孩子多由妻子撫養。但是，當他們到已開發國家工作時，他們多盡量留下來，結婚生子，而且會生較多的孩子，以便在外國能傳宗接代，盡量避免「無後」的晚景出現。

　　總之，當全球化的浪潮普及世界各地時，不同地區，不同國別的人口流動風氣會增強，不同種族間的婚姻會增加。如此一來，不但對減緩少子化現象會有幫助，對強化人口特質也有幫助。

第十二章

總結

　　研究人口與經濟的關係，傳統上是從農業所依賴的土地著手，人與土地的關係便會反映出一個朝代的興衰，一代人口的饑饉與溫飽。惟自進入工業化之後，人與農地的關係不再那麼密切，但與都市土地卻因經濟的持續發展而變得十分密切。一般研究的重點為人口與職業、人口與家庭以及男女關係的演變。惟自進入e-化時代，全球化給人口帶來的衝擊，無疑是空前的。人口的流動性變大，無論大家庭制度或核心家庭制度均趨向式微，人口所產生的問題，不僅是生、老、病、死的問題，還有少子化、高齡化現象、同志問題、婚姻問題的具體出現，對台灣而言，又有外籍勞工問題、外籍新娘問題、人才的區域性競爭問題。

　　自有記載以來，台灣是以農業為經濟主流的社會。擺脫農業經濟迄今只不過是最近四十多年的事。在農業社會，土地是最珍貴的資產，人口與土地的關係十分密切，因此，從人地比例的變化上，可以窺知一個王朝的興亡。由於人不能離開土地而生存，可用土地的多寡乃成了人口盛衰的關鍵因素，貧與貴的衡量尺度。所謂「有土斯有財」，土地就是不可或缺的財。當這個社會逐漸走上工業化的道路，一般農地與人口的關係便逐漸疏遠了，

而都市土地與工商業的關係愈來愈密切。人們發財致富不再是依靠所擁有的農地面積有多大,而是取決於勞動人口的生產力。同時,市地的地位也不同了,它不僅是富者追逐的對象,也是投機客玩弄的寵兒。近年來,許多國家泡沫經濟之發生與破滅,多與都市的房地產密切相關。

到20世紀的末葉,台灣人口發生了空前的變化,也引發很多經濟問題。由於工商業需求的增加,竟發生勞工短缺現象,引進外籍勞工便成爲大勢所趨的行爲,於是便產生外勞問題。一般貧窮家庭的及齡男子,因娶不起當地的小姐,以及老弱而退役的榮民,爲了成家,乃與外籍新娘成婚,於是外籍新娘也成了前所未有的社會問題。爲使子女受到較好的教育,育兒所需的經費日趨龐大;由於男女教育機會平等,女人在職場上的表現不讓鬚眉;由於國際競爭激烈,企業爲微利掙扎,長期雇用制,因而岌岌可危,致使一般年輕人對結婚生子的態度丕變,寧同居而不結婚;即使結婚,亦不願生兒育女;於是少子化問題愈來愈顯著。相對地,高齡化問題也接踵而來。這些在20世紀末已發生,迄未獲解決的問題,卻隨著時代之嬗替,移轉到了21世紀,也就成爲21世紀亟待解決的問題。

在過去,決定人口的主因爲外在的因素,如戰爭、災荒、瘟疫、計畫生育等。在21世紀,決定人口的主因爲內在的因素,即男女雙方對生兒育女的態度;而決定男女生育態度的因素則包括兩性平等程度、教育程度、經濟能力,以及職場競爭程度。在過去父權時代,兩性的地位是不平等的,男人爲主,女人爲輔,女人是男人的附屬。如果教育程度高而相當,男女地位比較平等。如果職場上的競爭程度強的話,也會使雙方對生育失去興趣。而

這些影響生育的內在力量，又受制於環境的影響，無法規避。

　　無論如何，當我們離開農業社會後，進入了工商業社會；而工商業社會是動態的、易變的。對於適應這種社會，需要有專業能力，而且是日新又新的專業能力。現在我們又很快地步入金融經濟為主的時代。在這個時代，社會更是多變的，難以預測的。尤其當全球化成為不可抗拒的潮流時，它的影響範圍不受邊界的限制。如何適應這種多變的環境？傳統的生產及經營方式已無能為力，而創新的方式又尚未出現，處在此情況，亟需這一代的人能克服這些困難。

　　在20世紀末，地球暖化現象已經出現，尚不嚴重；但進入21世紀，地球暖化現象卻愈來愈嚴重，因為工業化大國家的自私，未積極響應京都議定書的約定規範，仍我行我素製造各種污染。同時一些新興工業化國家，也亦步亦趨去追求高經濟成長，發展了些污染性高的產業，破壞自然環境。人類所製造的污染，不但污染空氣，破壞臭氧層，使紫外線直射大地，而且使雨水變成酸雨，有害植物生長；河川亦為之污染，魚蝦不存在，並使其失去灌溉用水的功能；土壤也被污染，不但使地下水毒化，而且對農作物也造成破壞。近年來，發生的聖嬰現象，使無垠大地變成沙漠；反聖嬰現象，又使田園被大水淹沒。這些災難破壞了土地的生產力，也使農作物生產失去憑藉。2008年全世界糧食短缺，致使物價飛漲，就是世界穀庫受乾旱的結果。

　　台灣沒有廣大的平原，但四面環海，一旦海水水位上升，海嘯肆虐都會使台灣的近海平原變成澤國。而過去所發展的養殖業曾使地層下陷，無異是引進海潮，使平原變澤地的幫兇，既不能人居，更不能種植，使其創造經濟價值的功能盡失。

　　在前面，我們談到近20年來在台灣所發生的人口問題，可以經濟發展的觀點來檢視。當經濟發展到某種高度，人民所受的教育普遍提高，會使人口問題更加複雜。無論如何，人口問題的發生必有其原因，不獨台灣如此。

　　外勞問題的產生，在1970年代，在西歐已經發生了，那時西歐經濟發展較快，勞力缺乏，而且有些工作當地的勞工不願去做，於是南歐、中亞，甚至北非的勞工便進入西歐，從事西歐人民不願從事的工作，為其解決勞工短缺問題。對於這種問題，有前例可援，不會是影響台灣勞工就業的根本原因。例如在台灣，近30年來也發生類似的事情，如台灣漁船上的船員，在30年以前，都是台灣人，以後便逐漸為菲律賓、印尼的漁民所取代，漁船上只有船長和大副是台灣人，到1990年代，大陸漁民又漸漸取代菲、印漁民。再如台灣的建築工人，在1990年以前，他們都是台灣人，包括男人與女人，由於建築工作太沉重，也太辛苦，即使每日100美元，也無台灣人樂意從事，於是外勞代替了他們。同時外勞的待遇較低，雇用外勞也可省一筆費用。當一個社會發展到這種程度，外勞是難以避免的現象，因為本地勞工尚有選擇的自由。惟當進入21世紀，台灣失業率開始升高，就業困難，開始出現學歷與工作性質不相稱的現象。政府為了徵求清潔工人（包括收集垃圾和掃街道），所需要的工人程度，小學畢業即可，可是有不少具碩士學位的年輕人也來應試。

　　高齡化問題不是農業社會出現的問題，而是工商業社會的產物。在工商業社會，人民普遍較富裕，衛生條件好，醫療制度較健全，於是一般人，很容易活到70歲、80歲或90歲。退休年齡通常是60歲或65歲，一般人退休後，尚有二、三十年的「夕陽紅」

時光。相對地,如果總生育率保持在2.5的水準,由於出生率仍高,會使老年人所占比例不會增加如此之快。如果人口自然成長率落在1%以下,老人所占比例就會很大,也就很容易形成高齡化現象。凡不能繼續為社會、為家庭工作的人,就成為國家的負債。如果沒有一套養老制度、健保制度,它就會成為一家的大負擔。

外籍新娘問題是四百年以來,台灣經濟發展史上從未出現過的問題。從正面看,不同種族結合,所生的子女比較優秀;相同種族結合,因「近親繁殖」,所生的子女較不健康。但是台灣所發生的外籍新娘問題,娶外籍女子的家庭絕大多數是貧窮家庭,甚至生活技能差的家庭;有些老兵,年老而知識程度低,在這些條件下所生的子女,在改善基因上比較不易。對於他們所生的子女雖然也是「台灣之子」,如果政府沒有一套輔導計畫,對他們的養育與教育視而不見,他們就會成為未來社會問題的淵藪。當政者,不能等閒視之。

少子化問題是以上各問題中最嚴重的問題,雖不易解決,但必須謀求有效方法來解決。它的問題出在男女對生兒育女的觀念,而這種觀念的形成非常複雜。它的出現已打破「不孝有三,無後為大」的傳統觀點,也打破「男主外,女主內」的不成文法。舉例而言,當男女都受到相等的教育水準,女人在職場上,或學術上的表現,並不比男人差。在這種情況下,女人在家庭中的地位不會比男人低。可是,為什麼他們都不願多生子女?問題在於:無論在職場或學術界,都要參與競爭,競爭表現好的,不但工作較有保障,而且還可升級,享受較高的榮譽或報酬。只要有工作上的競爭,人們的生活就會緊張,男女雙方為工作而變得生活緊張,對生兒育女的興趣自然就缺缺。

　　所謂「冰凍三尺，非一日之寒」，要扭轉少子化趨勢，政府要負較大的責任：(1)政府必須要有充裕的財力，負起弱勢家庭育嬰養兒的責任。為此一方面要整頓稅收，另一方面要削減國防支出。(2)要積極發展具潛力而能創造就業機會的傳統產業，使其在創新方面有所表現；對高科技產業之獎勵，除非它能創新，否則，不應再予獎勵；(3)推動年金制度，凡就業三日以上，就應有提撥，俾年老時，有所依。以上這三種措施有助於安定職業，延長雇用時間，也降低對失業的恐懼，有利於提高青年男女生兒育女的意願。

　　在區域化、全球化尚未流行的時代，國際間人力的流動性較低。近十年以來，人口的流動性愈來愈高。在無國界的阻礙下，就會出現「人向高處爬，水向低處流」現象。凡有專業的人力，就有選擇的自由；凡無專業的人才，就缺乏選擇的自由。因為這種觀念的流行，各行業的長期雇用制都逐漸被瓦解。凡是專家或技術人才，在職場上都受到歡迎；凡非專家或非技術人才，如果政府不加以照顧，就會發生嚴重的社會問題。社會問題是否變成洪水猛獸，就在於政府有沒有一套完整的救助制度。

　　站在企業觀點，為了求生存、圖發展，近年來，在國際間盛行委外制度(out-sourcing)。這種制度，有助於有能力接受委外工作的社會，使其增加就業機會，但也會使國內的人失去就業機會。在一國之內，例如台灣，近年來流行派遣公司和人力銀行，驟然視之，它對無業的人提供就業的機會，但這種性質的就業多是臨時性質，工資是按時計，既享受不到退休金，也享受不到健保制度，在短期，它有救助之功；在長期，它為社會埋下不定時炸彈。對於這些新興的問題，需要執政當局用新的思維，新的方法去處理。

參考文獻

一、中文部分

內政部
2004 〈內政部九十二年外籍與大陸配偶生活狀況調查報告〉。
歷年〈台閩地區老人狀況調查報告〉。

王金利
2007，外來船員引進對我國漁業永續發展之影響，農業委員會漁業署委託計畫統籌計畫報告。

伊慶春
2008，〈家庭〉，發表於中央研究院經濟研究所舉辦的「人口老化議題」研討會。

朱玉玲
2002 〈澎湖縣外籍新娘生活經驗之探討〉，嘉義大學家庭教育研究所碩士論文。

吳金鳳
2005 〈澎湖地區外籍新娘生活適應與政府生活輔導措施相關之研究〉，中山大學公共事務研究所碩士論文。

吳惠林
1985 〈台灣工資的決定因素〉，《台銀季刊》，第36卷第1期，頁

316-345。

1990 〈台灣地區的勞力短缺問題研究〉，發表於中央研究院經濟研究所舉辦的「人口變遷與經濟社會發展」研討會，頁105-134。

呂寶靜

2008 〈台灣老人照顧之現況及未來挑戰〉，發表於中央研究院經濟研究所舉辦的「人口老化議題」研討會。

李書華

2006 〈論東南亞外籍新娘的輔導政策〉，逢甲大學公共政策研究所碩士論文。

李棟明

1968 《歷來台灣人口社會增加之研究》，台灣省衛生處台灣人口研究中心。

李誠

1975 〈台灣現階段勞動短缺之研究〉，收入李誠主編《台灣人力資源論文集》，聯經出版公司，頁153-192。

1975 〈台灣勞動供給之初步分析，1964-1973〉，收入李誠主編《台灣人力資源論文集》，聯經出版公司，頁119-146。

邱方昕

2003 〈東南亞外籍新娘家庭問題與協助之探討〉，《社區發展季刊》，101，頁177-179。

孫震

1979 〈工資、物價、就業與所得分配之研究〉，發表於中央研究院經濟研究所舉辦的「台灣人力資源會議」，頁447-476。

張明正

1990 〈台灣地區生育轉型與高齡人口結構之變遷〉，發表於中央研究院經濟研究所舉辦的「人口變遷與經濟社會發展」研討會，頁105-134。

張清溪

1989　〈台灣的外籍勞工問題〉，發表於中央研究院經濟研究所舉辦的「台灣貿易與匯率問題」研討會，頁401-434。

張清溪、戴伯芬

1990　〈第二代工人的經濟分析〉，發表於中央研究院經濟研究所舉辦的「人口變遷與經濟社會發展」研討會，頁105-134。

陳俊勳

1983　〈台灣經濟發展的轉捩點〉，《台銀季刊》，第34卷第2期，頁1-26。

陳清春

1993　〈我國漁船勞動力問題之研究〉，兩岸漁業交流研討會。

陳清春、王金利

1994　〈僱用大陸船員之管理問題與其對策之研究〉，台灣省農林廳漁業局委託計畫報告。

陳紹馨

1979　《台灣的人口變遷與社會變遷》，台灣研究叢刊，聯經出版公司。

陳肇男、孫得雄、李棟明

2003　《台灣的人口奇蹟——家庭計畫政策成功探源》，台北：聯經出版公司。

陳寬政

2008　〈人口老化的原因與結果〉，發表於中央研究院經濟研究所舉辦的「人口老化議題」研討會。

傅家雄

2001　《高齡化與社會福利發展》，華立圖書公司。

單驥

1996　〈外籍勞工、技術、非技術人員與資本之間替代關係之探討：以台灣製造業為例〉，收入陳肇男等所編的《人口、就業與福利》，中央研究院經濟研究所，頁39-72。

黃登興

2008　〈人口高齡化與產業發展〉，發表於中央研究院經濟研究所舉辦的「人口老化議題」研討會。

經建會

2006　〈台灣95年到140年人口推估簡報〉。

葉克強

1975　〈台灣經濟發展過程中勞動力的吸收〉，收入李誠主編《台灣人力資源論文集》，聯經出版公司，頁331-336。

董安琪

2008　〈經濟安全——誰來養老人？〉發表於中央研究院經濟研究所舉辦的「人口老化議題」研討會。

劉克智、劉翠溶

1983　《中國人口問題研究》，台北：中央文化供應社。

蔣夢麟

1990　《農復會工作演進原則之檢討》，台北：行政院農業委員會。

蔡宏進、廖正宏

1987　《人口學》，巨流圖書公司。

蔡青龍

1990　〈在台東南亞外籍勞工之數量與特徵：境管檔案分析〉，發表於中央研究院經濟研究所舉辦的「人口變遷與經濟社會發展」研討會，頁135-154。

邊裕淵

1971　〈台灣經濟發展之轉捩點與經濟政策之研討〉，台大農業經濟研究所碩士論文。

釋自淳

2000　〈識字教育做為一個「賦權」運動，以「外籍新娘生活適應輔導班」為例探討〉，世新大學社會發展研究所碩士論文。

二、英文部分

Becker, Gary

1960 "An Economic Analysis of Fertility," Demographic and Economic Change in developed Countries, a conference of the Universities-National Bureau Committee for Economic Research.

Chen, Chao-nan and Paul Ke-Chih Liu

2007 "Is Taiwan's Lowest-Low fertility reversible Via Socio-Economic Development?", *Journal of Population Studies*, No. 34, June, 1-35.

Lewis, W. A.

1954 "Economic Development with Unlimited Supplies of Labor," *Manchester School of Economic and Social Studies*, 2:2, May, pp. 139-191.

McDonald, Peter

2006 "Low Fertility and the State: The Efficacy of Policy," *Population and Development Review*, vol. 32, no. 1, pp. 485-510.

McNicoll, Geoffrey

2006 "Policy Lessons of the East Asian Demographic Transition," *Population and Development Review*, vol. 32, no. 1, pp. 1-25.

Narayan, Paresh Kumar

2006 "Determinants of Female Fertility in Taiwan, 1996-2001: Empirical Evidence From Co Integration and Variance Decomposition Analysis," *Population and Development Review*, vol. 32, no. 1, pp. 393-407.

Ranis, G. and J. C. Fei

1964 *Development of the Labor Surplus Economy: Theroy and Policy*, Homewood, III: Irwin.

索引

台灣經濟論叢15
台灣人口變動與經濟發展

2009年1月初版　　　　　　　　　　　　　　定價：新臺幣350元
有著作權‧翻印必究
Printed in Taiwan.

著　　　者	于	宗	先
	王	金	利
發 行 人	林	載	爵

出　版　者	聯 經 出 版 事 業 股 份 有 限 公 司	叢 書 主 編	方	清	河
地　　　址	台 北 市 忠 孝 東 路 四 段 5 5 5 號	校　　對	馮	蕊	芳
編 輯 部 地 址	台 北 市 忠 孝 東 路 四 段 5 6 1 號 4 樓	封 面 設 計	蔡	婕	岑
叢 書 主 編 電 話	(0 2) 2 7 6 3 4 3 0 0 轉 5 0 5 0				
總　經　銷	聯 合 發 行 股 份 有 限 公 司				
發　行　所	台北縣新店市寶橋路235巷6弄6號2樓				
電話：	(0 2) 2 9 1 7 8 0 2 2				
台北忠孝門市：	台 北 市 忠 孝 東 路 四 段 5 6 1 號 1 樓				
電話：	(0 2) 2 7 6 8 3 7 0 8				
台北新生門市：	台 北 市 新 生 南 路 三 段 9 4 號				
電話：	(0 2) 2 3 6 2 0 3 0 8				
台 中 分 公 司：	台 中 市 健 行 路 3 2 1 號				
暨 門 市 電 話：	(0 4) 2 2 3 7 1 2 3 4 e x t . 5				
高 雄 辦 事 處：	高 雄 市 成 功 一 路 3 6 3 號 2 樓				
電話：	(0 7) 2 2 1 1 2 3 4 e x t . 5				
郵 政 劃 撥 帳 戶	第 0 1 0 0 5 5 9 - 3 號				
郵 撥 電 話：	2 7 6 8 3 7 0 8				
印　刷　者	世 和 印 製 企 業 有 限 公 司				

行政院新聞局出版事業登記證局版臺業字第0130號

本書如有缺頁，破損，倒裝請寄回發行所更換。　　ISBN　978-957-08-3377-5（平裝）
聯經網址：www.linkingbooks.com.tw
電子信箱：linking@udngroup.com

國家圖書館出版品預行編目資料

台灣人口變動與經濟發展/于宗先、
王金利著．初版．臺北市．聯經，2009 年
1 月（民 98）；296 面．14.8×21 公分．
參考書目：11 面（含索引）
（台灣經濟論叢：15）
ISBN　978-957-08-3377-5（平裝）

1.人口問題　2.經濟發展　3.台灣

542.1333　　　　　　　　97025165